조운 평전
구름다리 위를 거닐다

조운 평전 – 구름다리 위를 거닐다

인쇄 2012년 5월 1일 | 발행 2012년 5월 7일

지은이 · 조병무
펴낸이 · 한봉숙
펴낸곳 · 푸른사상사
주간 · 맹문재 | 편집 · 지순이 | 마케팅 · 박강태

등록   제2-2876호
주소   서울시 중구 초동 42번지 아시아미디어타워 502호
대표전화   02) 2268-8706(7) | 팩시밀리   02) 2268-8708
이메일   prun21c@yahoo.co.kr / prun21c@hanmail.net
홈페이지   www.prun21c.com

ⓒ 조병무, 2012

ISBN 978-89-5640-912-2 93810
값 20,000원

☞ 저자와의 합의에 의해 인지는 생략합니다.
　이 책의 전부 또는 일부 내용을 재사용하려면 사전에 저작권자와 푸른사상사의
　서면에 의한 동의를 받아야 합니다.
　e-CIP 홈페이지(http://www.nl.go.kr/cip.php)에서 이용하실 수 있습니다.
　(CIP제어번호 : CIP2012001841)

푸른사상 교양총서 4

조운 평전
구름다리 위를 거닐다

조병무

푸른사상
PRUNSASANG

| 책을 내며 |

역사의 질곡 속에 살아간 시조시인

조운 시조시인은 우리의 역사의 질곡만큼 한 많은 세상을 살아오신 분이다.

어찌하여 우리나라 역사의 현장에는 오늘날까지 반목과 질시만 판을 치고 화해와 단합의 현장은 어지러워지기만 하는지 알 수 없는 현실이다. 과거는 그렇다손 치더라도 역사의 수레가 평탄하게 돌아가야 할 국제적인 질서 속에서 오늘 이 시점까지 파헤치고 반목하는 현실은 안타깝기 짝이 없다.

이 나라 현대사의 아픔은 일제라는 억압의 소용돌이 속에서 반세기 이상 흘러간 현재까지도 친일파다, 아니다라는 반목과 또다시 해방 공간에서 다툼질하였던 현상인 좌파네, 우파입네라는 가슴 아픈 현실이 판을 치려고 한다. 눈앞에 휴전선을 두고 있는, 무척 우려되는 작금의 현실에 이 나라의 땅 덩어리에 발붙이고 사는 낮은 국민들은 저려오는 가슴을 또다시 쓰다듬고 있을 뿐이다.

바로 조운 시조시인이 살아온 파란만장한 일생이 우리 현대사의 조감인지도 모른다. 우리 현대문학사에서 현대 시조의 일맥을 형성하여 많은 후학들에게 새로운 문학의 전통을 만들면서 좌충우돌하였던 시대라는 망막 속에서 일생이 멍들어야 했던 한 시인의 삶을 우리 현대문학사는 그대로 방치하여서는 안 된다. 역사가 한 인간의 삶의 언저리에서 친일파라는 오명, 빨갱이라는 판단 공식을 도식적으로 만들어서도 안 된다.

조운 시조시인의 문학적 업적과 시대적인 현실을 풀어봄으로써 우리의 역사적 아픔도 함께 풀어 보려 한다.

햇수로 10여 년 전, 조운 평전을 집필하기 위해 영광을 찾아 조운 시조시인에 대하여 정종, 서단, 조남식, 이을호, 노기창, 나두종, 이기열 등과 시인 문병란, 시조시인 정설영, 영광신문사, 조운의 생질 위증 그리고 이소청, 노경숙 등 많은 지인들의 증언을 청취할 수 있었다.

이분들의 도움을 매우 고맙게 생각하며 한춘섭, 임종찬, 박홍원, 김춘섭, 오승희 등 학자들의 논문이 좋은 참고 자료가 되었음을 밝힌다.

「조운 평전」을 만해사상실천 선양회에서 발간하는 『유심』에 2010년 1년 동안 연재를 함으로 조운 시조에 대한 면모를 새롭게 하는 계기가 되었다. 그리고 이를 다시 푸른사상사에서 『조운 평전』을 간행하여 주심에 대하여 고마움을 표한다.

| 차 례 |

책을 내며 • 5

제1장 영광과 조운의 활동　• 11
　어둠의 그늘을 벗기려　• 13

제2장 월북의 배경과 멍에　• 29
　민족주의 문학운동　• 31
　혼란기의 조선문학가동맹 중앙위원 피선　• 38

제3장 운명의 갈림길, 월북　• 43
　조운의 월북　• 45
　의문 속의 월북 동기와 행적　• 49
　시조「유자(柚子)」에 함축된 절박한 심상　• 54

제4장 구름다리 위를 거닐다　• 63
　인간적 면모와 영광에서의 활동　• 65
　강직한 인상의 순결한 천재 시인　• 68
　재기발랄한 언행과 원만한 성품　• 73

| 차 례 |

영광 3·1운동과 조운 • 80
만주 도피 • 85
영광학원 교사 시절의 문학운동 • 87
추인회(秋蚓會) 창립 • 93

제5장 조운, 그리고 가람과 서해 • 97

가람과 서해와 시조 • 99
가람 이병기와 끈끈한 교유 • 103
민족혼을 되살린 시조 부흥의 전령사들 • 109
운명적 만남, 서해 최학송 • 113
불우한 문학천재 서해 • 116
조운아 어서 일어나라, 뛰어라, 읊어라 • 120
서해의 후견인 춘원 이광수 • 124

제6장 자유예원과 박화성 • 131

박화성과의 만남 • 133
문학의 열정에 사로잡히다 • 137
「야국송(野菊頌)」의 짙은 연정(戀情) • 142

| 차 례 |

제7장 헌신과 운명의 가름 • 147

파란만장했던 영광의 민족운동 • 149

영광체육단사건 • 153

광복과 영광 건준 참여 • 159

광대 신오위장 • 165

제8장 가족과 연보, 기념사업회 추진 • 169

가족관계, 연보 • 171

조운 기념사업 추진과 그 결실 • 180

제9장 국내 미수록 작품 17편 발굴 • 189

조운의 대표작품 10선 • 214

조운의 대표산문 4편 • 231

참고 문헌 • 261

최종 종합 연보 • 268

작품 목록 • 273

제1장
영광과 조운의 활동

조운이 거처한 달맞이 방

어둠의 그늘을 벗기려

운 씨(雲氏), 영광 사람들은 시조시인 조운(曺雲)을 이렇게 불렀다.

조운은 시조시인이며, 영광 땅의 지도자요, 계몽운동가였다. 영광의 달맞이 방에서 작품을 구상하고 쓰고 또 생각하고 고뇌하며 일제에 빼앗긴 우리의 땅을 되찾기 위한 민족적 울분과 영광의 무궁한 발전을 위하여 달빛을 벗하고 구름다리를 건너며 살았다.

"조운(曺雲)은 1900년 음력 6월 26일 전라남도 영광군 도동리 136번지에서 태어났다. 그의 부친은 오위장(五衛將)을 지낸 영광 아전의 대표적 인물로, 다른 사람이 엄두도 못 낼 일들을 처리해 행정 수완가로 인정을 받았다. 1남 6녀 중 위로 4명의 누나, 밑으로 2명의 누이 사이에서 외아들로 태어난 조운의 본명은 주현(柱鉉), 자는 중빈(重彬)인데, 1940년에 아호인 운(雲)을 본명으로 개명했다. 또 다른 필명으로 정주랑(靜州郎)을 사용하기도 했다"(정영애, 『조운시조연구』, 2001,

조선대)라는 내용이 많은 학자들의 논문이나 평필에서 밝히고 있는 그의 약력이다.

『조선문단』 1925년 10월호 '글 쓰는 이들의 주소'에는 조운 시조시인의 거처를 '전남 영광읍내 구름다리'라 하여 운치 넘치고 문사티가 뭉실 나는 주소를 갖고 있음을 기록하고 있다. 이 얼마나 매력 있는 주소인가. 구름다리에 사는 달맞이 방의 주인은 조운 시조시인이었다. 시인의 어머니를 일러 "밭 가운데 할매"라고 모두들 불렀다. 밭 가운데 지어진 집 때문에 그렇게 불렀다고 한다.

일제 식민지의 어려운 고통과 이데올로기의 사슬에 얽혀 밝음에서 어둠으로 가름하는 길목에서 방황하는 조운은 영광 땅의 빛을 보여주려 노력하였으며, 영광 땅의 어둠을 벗겨 보려 많은 계몽운동에 앞장서 행동으로 보여 주고 실천하였다.

조운이 남겨 놓은 해방 이전 영광 땅의 수많은 영광과 영광민의 투지는, 해방 공간의 시대적 상황과 조운의 행적 때문에 살아남은 자의 안타까움과 희비가 교차하는 일희일비(一喜一悲)의 주체 못 하는 아픔이 가득 차는 기록이다.

그것은 무엇보다도 일제 식민지의 오랜 절규에서 벗어나고픈 전국민적 소망과 그러한 소망에 대한 방법과 행동이 고달픈 자기 방어적 사고를 어쩌면 엉뚱한 방향으로 이탈되는 당시 정치·문화적 상황 요인이 너무나 큰 것이기 때문이기도 하다. 조운의 흔적을 따라 발길을 옮기는 이 글은 많은 사람의 기억과 흠모와 더러는 미움 속에서 기술할 수밖에 없음이 안타까울 따름이다.

영광은 조(曺) 씨 성을 가진 사람들이 워낙 많이 살고 있어서 "조 선생" 하고 부르면 모두 돌아보기 때문에 성을 없애고 이름만 떼어서 부르기로 한 것이 운 씨(雲氏)가 된 것이라 전해진다.

전라남도 영광(靈光)은 광활한 평야와 어족 자원이 풍부한 칠산 바다를 안고 있는 영광(榮光)의 땅이다. 인심 좋고 살기 좋은 고장 옥당골 영광에는 출중한 인물과 예술을 가슴에 안을 줄 아는 예인이 많이 나타나 근세사에 명성을 떨친 바가 많다. 고려시대에 이르러 영광이라는 명칭이 사용되면서 청동기시대의 유적인 고인돌이 백수읍 지역과 대마·묘량면 지역, 홍능읍·법성면 지역과 불갑·군남면 지역 등에 100여 기 이상씩 분포되어 있다는 것은 오랜 옛적부터 정치사회의 형성이 활발한 지역이라는 것을 짐작할 수 있다.

영광의 지형은 풍부한 자원과 농산업의 이용에 우수한 지형적 조건을 갖춘 곳이다.『영광군지』에 따르면 "동남면이 400~550미터의 노령지맥 산군으로 둘러싸여 군계를 이루고 있다. 서북 해안변이 경사가 급한 산지로 구성되어 있고, 북동향과 서남향이 평야지로 연결된 완만한 구릉지와 평야 지대이다. 노령산맥에서 분리된 지맥이 군의 동북부에서 서남부로 길게 늘어서 동부 전남 지역과 분리되어 있으며 서남향으로 바다와 연접하여 낮은 평야지로 트여 있다. 그리고 동북향으로 전북 고창군의 평야 구릉지와 연결됨"으로 천혜의 복 받은 땅으로 명시하고 있다.

이러한 땅에서 태어난 조운은 영광의 법성포를 노래하고 그곳의 12경을 창출해 낸다. 제목은「법성포 12경(法聖浦 十二景)」전문은 다음과 같다.

仙津歸帆
山으로 오르는돛 山에서 나리는돛
오는돛이 가는돛가 가는돛이 오는돛가
沙工아 山影이 잠겼느냐 桃花떴나 보아라.

玉女朝雲
하늘은 물빛이오 물빛은 하늘인데
玉女峰 어제밤은 어느神仙 쉬여갔나
허리에 아침구름만 불그레히 웃더라.

西山落照
海光이 늘실늘실 하늘에 닿았는데
먼 곳은 金빛이오 가까운곳 桃花로다
落霞에 갈매기 펄펄 어갸둬야……

九岫晴嵐
暎湖亭 간밤비는 봄을 얼마나 늙혔으며
九岫에 갠 안개는 몇 번이나 푸르렀나
길손이 술잔을 들고 옛일그려……

仙庵暮鍾
山은 漸漸 멀어가고 바다는 높아진다
낚시걷어 돌아오니 鍾소리 어느절고
紫雲이 잦아졌으니 仙庵인가 하노라.

鷹岩漁笛
매바위 絶壁아래 고기잡이 젓대소리
한소리 또한소리에 山峽이 깊고깊다

물새는 나래를 치며 배ㅅ전에와 노더라.

東嶺秋月
霽月亭 맑은물에 笙歌를 아뢰울제
東嶺에 달이솟아 고기가 뛰노매라
沙工도 사양마러라 밤새도록 마시자.

後山丹楓
봄에는 軟綠香氣 여름엔 草綠그늘
단서리 하로밤에 물밑까지 붉었어라
西風에 배부른 白帆도 醉한 듯이 가더라.

鼎島落雁
기나긴 서리밤을 울어새운 저기럭아
鼎島의 여윈갈이 그다지 그립던가
西湖의 지새는 빛을 내못잊어 하노라.

侍郎暮烟
山밑인가 물밑인가 白鷗난다 아득한 곳
漁村 두세집에 草綠에 잠겼는데
淸烟이 斜陽을 띄고 길게길게 흐르더라.

馬村樵歌
잔물에 沙工아희 半空에 종지리새
개건너 山비탈에 樵童의 노래소리
굴까는 큰아기들도 흥글흥글 하더라.

七山漁火
별들이 귀양왔나 봄따라 나려왔나

고기불 一千里가 바다밖에 떠있는데
어갸차 노젓는 소리 밤빛푸려 지더라.

운 씨가 시조로 그려낸 절경 「법성포 12경(法聖浦十二景)」은 법성포를 새롭게 탄생시키며 환상적인 세계로 끌어들인다. 포구의 주변 경관을 '선진귀범(仙津歸帆)' '옥녀조운(玉女朝雲)' '서산낙조(西山落照)' '구수청람(九岫晴嵐)' '선암모종(仙庵暮鍾)' '응암어적(鷹岩漁笛)' '동령추월(東嶺秋月)' '후산단풍(後山丹楓)' '정도낙안(鼎島落雁)' '시랑모연(侍郎暮烟)' '마촌초가(馬村樵歌)' '칠산어화(七山漁火)' 등으로 절묘하게 이름하여 노래하고 있다.

영광 땅 법성포가 안고 있는 천하 절경의 아름다움이 시조시인인 조운의 심성과 어우러져, 천혜 자연의 선물인 12경이 언어의 조형미 속에서 새로운 모습을 보여 주고 있다. 영광을 안고 있는 법성포구의 열두 경은 그래서 조운을 황홀의 시조시인으로 만들어 놓았다. 조운의 안목과 해박함과 자연을 바라보는 성스러움의 눈이 빛나고 있음을 볼 수 있다.

영광의 문학은 이상을 현실화하려는 조운을 비롯한 영광 젊은이들의 기상에서 나타난다. 1921년 7월 31일 자 『동아일보』는 영광을 '호남의 이상향' 으로 표현하며 다음과 같이 기사화하고 있다.

경륜을 행할 만한 지적 역량은 누구의 지도이며 누구의 활동인가. 이 것을 당시 청년 공동 작용이며 전체 활동인 것을 오인은 간파하였도다. 그 이유는 당시 청년의 독서열이 왕성한 것이며 청년회관의 좌우 벽상에

도서규정이 십여 조로 나누어 붙어 있었으나 월 1책에 한하는 조목이라 그 이유를 물은 즉 서적 열독의 경쟁이 너무도 심하므로 이러한 규약을 정한 것이라 한다. 이로써 영광 청년들의 지적 욕구는 타의 추종을 불허하는 높은 수준에 이르렀던 사실을 짐작할 수가 있다.

— 『동아일보』, 1921.7.31.

이러한 보도에서 당시의 영광 청년들의 지적 욕구를 가늠할 수 있다. 그 욕구의 원천과 청년들의 활기찬 맥락의 구심점에 대하여 다산학 연구원장을 지낸 이 고장 지식인 이을호(李乙浩)는 다음과 같이 진단하고 있다.

영광체육단사건과 동시에 탄압을 받았던 소위 갑술구락부(甲戌俱樂部)라는 조직의 맥을 찾아낼 수 있다. 갑술구락부의 조직은 필자도 유학을 끝내고 돌아온 25세 시절에 최연소자로 조직에 참여하였고 조직의 발기 및 주도자는 조운 씨였던 기억이 지금도 생생하다.

— 『향맥』 제5호, 1992.

이 기술은 당시 영광문학의 맥을 짚을 수 있는 대목이며 조운의 활동 영역을 알게 해준다.

영광향토문화연구소 이기태(李基兌) 회장은 「개화기의 영광문학」(『향맥』 제6호, 영광향토문화연구회, 1993)에서 기독교 선교사에 의한 문화 유입에서 서울 유학을 하고 온 박동규(朴東圭)의 신문화 도입과 교육적 관계를 설명하며 영광의 지식인 위계후(魏啓厚)와 조운과의 관계를 다음과 같이 언급했다. "위계후 선생은 당시 신구 학문을 하신

분으로 선각자요, 민족주의 지도자로 영광의 많은 동지 후학들에게 영향을 끼쳤다. 또한 이 고장 출신 시조시인 조운과 친남매(조운의 매형) 간으로 상호보완적인 관계에서 민족운동과 더불어 영광문학을 선도적으로 이끌었던 것으로 보인다." 그리고 "조운 선생은 1921년 귀향하여 영광학원 교사로서 박화성 씨와 같이 일하면서 문학 동지들을 규합,『자유예원』이라는 향토문화지를 발간(등사판)하여 지방문예운동에 선구적인 역할을 하였다."라고 기록하고 있어, 조운은 영광의 문화적·문학적 기틀을 세운 기둥이었음을 알 수 있다.

시조 시인 김춘섭은 조운의 문학 활동과 문학적 배경에 대하여「조운의 시 세계」(『금호문화』 제39호, 광주금호출판사, 1988. 9)라는 글에서 "조운은 비교적 그의 문학적 생애가 분명히 파악되어 있는 편이다. 그가 활동한 1920~1940년대에 걸쳐 항상 문단의 주목을 받았을 뿐만 아니라 고향인 이곳 영광이 시 창작의 배경을 이루고 있다는 측면에서 우리의 관심을 불러일으킬 만하다. 줄곧 향리인 영광에 기거하면서도 중앙 문단과 폭넓은 교분을 가진 점으로 미루어 보아 그의 인간적 인품의 테두리를 짐작하기 어렵지 않다. 그의 문학적 출발은 민족주의적 이상에 연결되어 있는 것으로 보인다."라고 언급했다. 이 진술을 통해 운 씨가 영광을 떠나지 않고 민족주의적 이상 속에서 향토문화의 발전에 헌신했음을 알 수 있다.

시인 박홍원도「현대문학에서 조운 작품의 위치」(『칠산문학』 제5호, 칠산문학회, 1992)라는 글에서 "영광 땅에 태어난 시조시인으로 가난하고 파란곡절 많은 가정환경에서 자랐지만 일찍이 시에 눈을 떠 이 고장 현대문학의 선구자가 되었다. 그는 중앙 문단에서 문필 활동을 하면서도 향리를 떠나지 않고 교편을 잡으며 문학 교육에 힘쓰고 항일운동에도 참여함으로써 옥고를 치르기도 하였고 선비정신을 실천한 문인이었다."라고 기술하여, 조운이 영광인으로서 문학적 책임감과 조국에 대한 애정을 두루 지니고 있음을 말하고 있다.

동국대 명예교수인 이 고장 출신 철학자 정종은 누구보다도 조운과 영광문학을 많이 조명하고 자랑스럽게 여기는 학자다. 그는 「고뇌 속에서 민족혼을 노래한 큰 시인 조운」(『영광문학』 창간호, 2001. 12)이라는 글에서 "엄청난 영광사건(체육단사건)은 영광의 실질적인 지도자 조운 한 사람을 포로로 만들어 놓기 위한 술책이었다고 해도 과언이 아니다."라며 또 다른 면을 밝힘으로써 조운의 지도적 역량을 증언하고 있다.

일제 식민지라는 민족의 가슴 아픈 현실을 직시할 수 없어 자신이 살아가는 고장 영광의 문명·문화를 보존하고 민족혼을 암암리에 일깨워야겠다는 조운의 자존적인 행보. 이러한 조운의 행보를 일제는 바라보고만 있지 않고 차단하기 위해 술책을 부렸던 것이다.

조운의 이러한 영광에서의 문학적 업적이 있었음에도 그가 스스로 행한 해방 공간에서의 월북이라는 멍에는 오랜 세월 동안 문학인으로서 그의 모든 것을 감추어 버렸고, 그의 시조는 금서로 낙인찍혀 민족적 아픔을 가져다주었다.

정부에서는 1976년 3월 13일 제1차 월·납북 작가에 대한 해금 조치를 행한 바 있으나 조운은 제외되었다. 그 후 1988년 7월 19일에야 이태준, 박태원, 김남천, 임화, 백석, 오장환, 이용악, 최명익, 박팔양 등과 함께 조운도 해금되었다. 조운의 이 문제는 뒤에 새로운 항목으로 살펴볼 수밖에 없다. 무척 중대한 일이기 때문이다.

영광에서 태어나 오로지 영광에서 살아온 조운이기에 왜 월북이라는 상황에 부딪치지 않으면 안 되었는가 하는 의문이 너무나 강하게 충동되어 온다. 특히 조운이 누구보다 사랑하고 아끼는 어머님이 계신 고향을 등지고 월북을 감행하지 않고는 견딜 수 없었던 절박함은 도대체 무엇 때문이었을까. 이 수수께끼는 과연 풀릴 수 있을까.

조운의 월북은 영광의 많은 지도급에 속했던 인사와 영광인들의 충격이었다. 당시의 시대적 판단은 조운을 '빨갱이'라고 낙점했다. 월북이라는 자체로 빨갱이가 되고 만 것이다. 해방 공간이라는 사회적 혼란기는 사상적 혼란과 문단 조직의 분열과 대립이 극에 달했다. 이러한 혼란의 와중에 조운에게는 그가 관여한 몇 가지 행적과 함께 생명에 대한 고뇌와 고통이 따르게 된다.

1948년 대한민국 정부 수립과 함께 문단 조직은 파산과 검거와 분열이 일어났다. 일부 문학인은 몇 차례에 걸쳐 월북함으로써 월북 문인으로 분류된다. 조운도 이러한 과정의 한 사람이 된다. 조운의 월북은 영광의 많은 지인들의 고통과 아픔을 동반했다. 조운과 연계된 인물은 조사의 대상이 되고 고통의 순간이 닥쳐와 시련을 겪게 된 것이다.

한편 6·25 전쟁은 민족 전체를 죽음으로 몰아넣는다. 동란이 발발한 그해 7월 23일 인민군이 영광 땅을 밟게 되면서 영광은 공포와 죽음의 고장으로 변하고 대학살이 자행된다.

2002년 4월, 『월간조선』에서 영광 사람들에게는 충격적인 보도를 접할 수 있었다. 6·25 전쟁 납북인사 가족협의회가 납북자 명부를 찾는 과정에서 6·25 피살자 명부를 함께 발견하여 이를 세상에 알리는 특집기사가 실린 것이다. 그 명부를 통해서 6·25 때 좌익이 학살한 사람이 5만 9,964명인데, 그중 영광 지역에서 2만 1,225명이 학살된 것으로 밝혀졌다. 그 영광 학살의 절반이 영광 지역 여성으로 7,914명이며 열 살 이하 어린이가 2,500여 명으로 나타나 일가족이 학살된 경우가 많았음을 알 수 있었다. 이러한 보도는 영광 땅의 놀라움과 충격이며 절망과 울분이었다.

영광에서는 묵시적으로 6·25의 아픔은 서로가 말하지 않는 것을 당연하게 여겨 왔으나 더러는 그때 많은 숫자가 죽음을 당했다는 것은 마음으로 알아 왔던 터였다. 오히려 이러한 보도보다 훨씬 더 많은 학살이 이루어졌다고 알고 있으며 다만 그 아픔을 구태여 들추어내고 싶지 않았고 말하고 싶지도 않았던 것이다. 어쩌면 서로가 이웃이면서 적일지도 모른다는 그 당시의 악몽이 싫었기 때문이다. 숨고, 고발하고, 손가락질하고, 죽이고, 살아남고 그것이 영광 사람들의 보이지 않는 한으로 응어리진 것이다.

조운에 관한 기술에서 왜 이러한 이야기를 접해야 할까? 그것은 해방 이전의 조운은 분명히 영광의 정신적 지도자였으며, 영광 발전에 공헌한 인물이라는 것이 영광 사람들에게 회자되었고 기록도 남아 있다는 것은 어느 누구도 부인하지 못하기 때문이다.

그런데 2000년 7월 21일 밤 9시께 영광교육청 앞마당에서 문제가 발생했다. 그보다 한 달 전, 『영광신문』 2000년 6월 19일 자(제164호)에 "'조운 기념사업회' 출범—탄생 100주년 맞아 시비 건립, 문집 발간—백일장 개최, 문학세미나 등 다채로운 기념사업"이라는 제목과 함께 다음과 같은 머리기사가 보도되었다.

> 월북시인 조운(曺雲) 선생에 대한 재조명 사업이 본격화되고 있다. 지난 10일 오후 5시, 시조시인 조운 탄생 100주년 기념사업회 준비위원회(위원장 나두종)는 정주마을금고 2층 대강당에서 조운 기념사업회 창립총회를 열었다. 전국에서 100여 명의 인사가 모여 개최된 총회에서 정관 제정과 임원 선거, 예산 승인 등이 통과되고 소설가 송영이 명예회장이 되고, 회장에는 준비위원장을 맡아 왔던 나두종을 뽑고 다섯 명의 부회장, 감사, 사무국장이 앞으로 기념사업회 일을 맡아 하게 되었다.

이러한 보도가 나간 이후 익명의 독자가 이 신문사 인터넷에 "아무리 세상이 변했다지만 어떤 때는 우리나라 국시였던 반공이 이렇게 묵살되고 어느 어르신의 우상화에 희석되고 있다는 게 정말 개탄스러울 뿐이여……"라는 글을 띄워, 조운의 월북 행동을 지적했다.

얼마 후 『영광신문』 2000년 7월 31일 자(제170호)에 "조운 시비 훼손—교육청이 경찰비호 속에 무단철거. '왜, 누구의 지시에 의해 철거 되었나'"라는 충격적인 제목으로 다음과 같은 기사가 실렸다.

> 이 고장 출신 월북시인 조운에 대한 재조명 작업이 최근 활발해지면서 그의 문학세계를 기리는 시비(詩碑) 제막식이 추진되어 왔으나 제막

예정일 하루 전에 돌연 강제 훼손되는 사태가 발생했다. '조운 탄생 100주년 기념사업회'(명예회장 송영, 회장 나두종)는 지난 22일 오후 1시 교육청 앞에서 전남 민족문학작가 회원 및 각계 인사 300여 명이 참석한 가운데 조운 시인의 대표작 「석류」를 조각한 시비 제막식을 가질 예정이었다. 그러나 21일 밤 9시계 교육청 측이 시비 기단부와 조경석을 무단 훼손·철거하여 제막식이 열리지 못했다.

이 보도를 접한 주최 측은 물론 이 행사에 참석하기 위하여 전국에서 달려온 많은 참석자와 영광 사람들에게 준 충격은 실로 컸다.

우리는 여기서 몇 가지를 생각해 보아야 한다. 우선 영광(靈光)의 지난날의 영광(榮光)과 보이지 않는 앙금은 영광 사람들의 마음에서 벗어나지 못했다는 사실을 알아야 한다. 또한 조운 기념사업회의 결성과 영광의 6·25 대학살과 시비 제막식 행사의 훼손이 무엇을 의미하며, 어떤 과거와 미래가 교차하여 따뜻하고 차가운 이율배반적인 현상이 빙빙 돌고 있는지 그 의문을 풀어 보아야 한다.

해방 공간에서 있었던 이데올로기의 오점과 멍에가 반세기가 흘러가 버린 지금 이 시간에도 남아 있다는 현실의 아픔은 너무나 크다. 조운 기념사업회는 조운이 영광 땅에 뿌려서 가꾸어 놓은 해방 이전의 영광을 위한 계몽운동과 '조운 시조문학'에 대한 애정 덕분으로, 그의 시는 온 민족이 사랑할 수 있는 문학 작품으로 우뚝 서고 조운의 문학적 업적을 기리는 사업을 원만하게 펼칠 수 있을 것으로 보았다. 그러나 조운에 대한 이러한 평가 작업은 조운과는 직접적 관련이 없는 대사건이 많은 혼돈의 여운을 몰고 와 난관에 부딪혔다. 그것이 영광 6·25 대학살이다.

　조운의 월북이라는 멍에가 영광 대학살과 함께 복합되어 작용한 것이다. 조운의 월북이 대학살의 그림자로 비쳐졌고, 그 쓰라리고 지울 수 없는 멍에를 시비 훼손이라는 막연한 앙금으로 풀려 한 것은 아닐까.

　조운에 대한 영광 사람들의 혼돈으로 해방 이전의 조운과 그 이후의 조운의 행적 때문에 희비가 교차하는 것은 사실이지만, 조운을 놓치고 싶지 않다는 그들의 심정도 현실로 나타난다.

　시비의 훼손 이후 『영광신문』은 2000년 8월 7일 자(제171호) "남과 북도 화해를 모색하고 있다"라는 제목의 사설에서 "지역의 지도자들은 지역민들 간에 과거사로 인한 충돌은 피해야 한다고 중재에 나서 교육청 앞에 있던 시비는 영광읍 칠거리로 옮기는 공사를 시작했고, 6일로 예정되었던 항의 집회도 취소하여 조운 시비로 인한 지역민들 간의 표면적 갈등이 해소된 반가운 소식을 접했다."고 보도하였다.

　같은 해 9월 11일 자(제176호)에서 "조운 선생 시비 제막식─영광 문화의 표상「석류」시비 둥지 틀어"라는 제목으로 "빨갛게 익어 가는 석류를 곳곳에서 만날 수 있는 가을의 입구에서「석류」란 시로 우리에게 친근하고 또 영광 출신으로 문단에서 천재시인이라 불리는 시조시인 조운(曺雲)의 시비 제막식이 지난 2일 오후 5시 한전문화회관 앞에서 열렸다."라고 보도했다. 이는 영광 사람들의 새로운 면모가 드러난 것이며 영광의 향토정신이 보여준 쾌거였다.

투박한 나의 얼굴
두툴한 나의 입술
알알이 붉은 뜻을
내가 어이 이르리까
보소라 임아 보소라
빠개 젖힌
이 가슴.

—「석류(石榴)」(『연간조선시집』, 1947.3) 전문

시인 정설영은 이 작품에 대하여 "1947년 초봄에 이와 같은 시조가 그의 가슴을 찢고 나올 수 있었던 건 고향과의 이별, 임과의 이별을 각오하고 썼다는 사실이다. 조운은 20세 때 일경의 눈을 피해 망명생활(만주와 시베리아)을 한 것과 38세 때 영광체육단사건으로 투옥, 1년 7개월 동안 목포에서 감옥살이를 한 것 외에는 고향(영광)을 떠나 산 적이 없다. 그런 그가 왜 느닷없이 마흔여덟 살에 고향 산천과 어머니와 벗들을 등지고 서울 삼청동으로 이사를 가야만 했을까? 그 동기가 불분명하지만 한 핏줄, 한 고향 사람들이 좌·우익으로 나뉘어 대립각을 세우는 양상이 예사롭지 않다고 판단했기에 그런 성싶다."(『영광신문』, 2003. 8. 8)라고 평했다. 조운이 과거에 영광을 위하여 한 것과 같은 영광 사랑과 영광의 발전을 생각하는 향토민의 정신적 기반이 혼란에서 벗어나 살아 있음을 보여 주는 글이라고 생각된다.

조운이 씨앗을 뿌려 놓은 영광문학의 정신은 오늘날도 『영광문학』 『칠산문학』 『영광향맥』 『옥당골 영광문화』 등의 향토문학지와 모임

들이 활발하게 맥을 잇고 있다. 조운이 뿌려 놓은 씨앗에서 새로운 수확을 이어가고 있다.

당대 영광의 문학인들, 특히 시의 애향으로 불리어지는 시인들 중에서 영광 출신 철학자 정종은 그의 저서 『고향의 시인들과 시인들의 고향』(동남풍, 1995)에서 기정 조운(崎丁 曺雲), 소청 조희관(少靑 曺喜灌), 조광 조옥현(曺光 曺沃鉉)을 '영광 3제'라 제목을 붙여 소개하고 있다. 그리고 『영광군지』 하권의 제8편 「영광현대문학사」에는 남령 조영은(南嶺 曺泳恩), 우정 정태병(友汀 鄭泰炳), 조영직(曺永稷), 이을호(李乙浩), 정종(鄭琮), 정근모(鄭根模), 조영규(曺泳奎) 등을 추가 기술하여 시작(詩作)을 통해 영광의 문기(文氣)를 뿜어낸 인물들이라고 기록하고 있다. 이러한 기록으로 볼 때 영광의 현대문학은 1920년대 조운의 문학운동 정신에서 싹을 틔웠음을 알 수 있다.

파란만장한 역사의 수렁 속에서 살다간 조운, 그는 많은 사람의 뇌리에 잊혀져가다가 다시 역사의 수렁에서 살아 돌아왔다. 질곡의 역사가 할퀴고 간 뒤에도 조운 시조 작품의 우수성과 그의 인간 됨됨이에 대한 한없는 동경과 흠모가 사라지지 않고 있는 것이다.

제2장
월북의 배경과 멍에

달맞이 방에 걸어 놓은 조운 모습

민족주의 문학운동

해방 공간과 대한민국 정부 수립에 이르는 과정에서 나타난 국가 혼란상은 정체성의 문제와 이데올로기라는 굴레와 함께 이 땅의 정치인과 많은 문학인들의 불행을 예고하고 있었다.

해방 전, 시조시인 조운은 향리에서 문학에 대한 정열, 특히 시조문학에 대한 애착과 열정으로 그의 행적과 작품에 뚜렷한 족적을 남겼다. 특히 소설가 서해 최학송(曙海 崔鶴松)과의 만남에서 문단 활동의 중대한 계기를 마련하였다. 영광에서 『자유예원』, 시조동호회, 추인회 등을 통해 활동하던 그는 서해와의 교우를 통해 『조선문단』의 지면에 시조작품을 발표하였으며, 특히 가람과의 만남으로 문학적 행보가 더욱 바빠졌다.

일제 식민지 치하의 어려움 속에서도 송진우(宋鎭禹)를 중심으로 영광중학교 설립운동에 앞장섰고, 독서회 갑술구락부 회장, 그리고 영광체육단사건으로 투옥, 1년 7개월 만에 출옥하기도 했다. 그러나 해방 이후 조운의 입지를 불운의 운명으로 옮겨 앉게 한 것은 영광건국준비위원회 부위원장, 조선문학가동맹의 중앙위원이라는 자리이다.

해방 이후 과도기적 사회질서 속에서 사상적 이념의 문제와 결부되어 각종 위원회와 단체의 무질서한 난립은 극에 달했다. 자신의 처지와 행보에 대한 판단이 어려웠던 시대적인 함정 속에 갇힌 조운 시조시인의 처지는 어떠했을까? 그가 살아온 당대의 우리 문단적 현상은 어떠했는가를 짚어 보아야 조운의 운명의 갈림길을 이해할 수 있다. 왜냐하면 그의 월북은 결국 해방 공간에서의 사회적 활동과 문단적 상황에서 일어난 일이고, 그 문단적 관계의 이념 성향과 당시의 사회적 혼란상에 따른 자신의 입지 때문에 월북이라는 극단적인 선택을 했으리라고 생각되기 때문이다.

조운이 살아온 시대는 일제의 식민지 정치가 우리의 강토를 더럽히고 있었고 주권 상실에서 오는 허탈감은 국민으로 하여금 반목과 질시, 갈등과 저항으로 치닫게 하기 시작하였다. 많은 지식인과 지도급 인사들은 조국 상실에서 오는 허탈을 여러 가지 방법으로 탈출구를 찾으려 하였다. 조운이 일제 강점기의 영광 땅에서 문화적·계몽적 조직을 실현에 옮긴 것도 따지고 보면 그러한 탈출의 한 방법으로 볼 수 있다. 조국 상실의 시대에서 어려운 정치적 저항보다는 국민에게 안정적인 인격과 지식을 심어주어 먼 후일을 기약할 도리밖에 없다고 생각했던 것이다.

조운이 향리 영광에서 행한 시조의 옹립과 시조 쓰기 독서회운동의 활성화 역시 이러한 민족문학의 일환으로 시작한 것이고 이의 실천을 보여준 것이 향토문화운동이었다. 1920년대의 민족주의 문학운동은 역사적인 의의가 실로 크다. 이 무렵의 '민족주의 문학'에 대하여 시인 오세영은 『20세기 한국시 연구』에서 민족주의 문학운동의 사적 의의를 다음과 같이 말하고 있다.

> 첫째 한국 현대문학이 지향, 혹은 극복해야 될 과제의 하나가 민족, 혹은 민족주의 문학이라 한다면 이의 의식적인 첫 시도는 20년대 국민문학파로 호칭되는 문학 유파에서 비롯된다는 점이다.
> 둘째 20년대 민족주의 문학의 탐구는 한국 현대문학의 정신사를 해명하는 단서가 된다는 점이다.
> 셋째 20년대 국민문학은 3·1운동으로 집약된 식민지 지배하의 민족정신, 즉 한국 민족주의 이념을 최초로 반영한 문학 운동이었다.
> 넷째 20년대 국민문학은 프롤레타리아 문학의 안티테제로서 의의를 지니고 있다. 이는 오늘의 한국문학이 놓인 상황과 관련지어 생각할 때 여러 가지 시사해 주는 바가 크다. 그것은 오늘의 한국문학 역시 남북분단의 현실 앞에서 북의 이데올로기를 극복하는 일이 당면과제의 하나이기 때문이다.

오세영의 지적과 같이 이 시대의 민족문학에 대한 논의는 '민족정신, 즉 한국 민족주의 이념을 최초로 반영한 문학 운동'이기 때문에 한민족이라는 전통성을 목적으로 한다. 그러나 프롤레타리아 문학의 목적성은 결국 파산하고 만다.

이러한 시대적 흐름에 따라 한국문학은 많은 소용돌이 속에서

1945년 해방이라는 상황을 만난다. 해방 공간은 한국문학을 또다시 무서운 반목과 질시, 사상과 이념, 조직의 결성과 해체라는 흐름에 직면하게 한다. 미군정이 주도하는 서울에서 문단은 문학단체의 범람과 문학인의 잔류와 월북이라는 대이동이 개시된다. 이러한 상황에 대한 판단은 조운이 왜 월북을 하게 되는가를 가름할 수 있기 때문에 구체적 분석이 필요하다.

그러나 일제 식민지에서 해방 공간 이전의 문학적 양상은 또 다른 상황으로 치닫기 시작하여 1925년 8월 23일에 결성하여 1935년 5월 21일 막을 내린 프로문학 단체인 카프(KAPF, Korea Artista Proleta Federatio)는 많은 문학인에게 혼란상과 후유증을 야기했다.

이 당시의 구성원은 박영희, 김팔봉, 이상화, 송영, 안석영, 이기영, 박팔양, 김양, 이익상, 이적효, 김온, 김복진, 심대섭, 조명희 등이었다.

이들 때문에 해방 공간의 문단 조직은 지난날의 프로문학 단체로부터 야기된 사상적 분열과 대립 양상이 극에 달하게 된다. 1945년 해방과 더불어 최초로 만들어진 문단 조직인 '조선문학가건설본부'가 8월 16일에 조직되었는데, 이들 조직의 주요 임원들은 일제 강점기에 활발한 활동을 하다 해체당한 소위 '카프'의 열렬한 맹원들이었다.

또 한편으로는 해방 이전 문단의 각 유파에 속했던 문학인이 대거 참여하게 된다. '카프' 계열에 속한 임화, 김남천, 이기영, 한설야 등이 참여하고, 모더니즘 운동에 가담한 김기림, 정지용, 김광균, 오장환 등도 가세하며, 순수문학가 이태준, 박태원과 해외문학파 이양하, 김광섭, 김진섭 등이 참여하는 범문단기구로 출발한다. 조선문학가건설본부의 임원을 보면 다음과 같다.

    중앙위원장 : 이태준
    소설부 : 이기영, 박태원, 안희남, 이태준, 한설야, 김남천
    시부 : 김기림, 김광균, 오장환, 임화, 정지용
    평론부 : 이원조, 박치우, 서인식, 조윤제
    외국문학부 : 김진섭, 김삼규, 김광섭, 이양하, 최정우

이러한 임원진을 볼 때 그 출발은 해방 문단의 거대 기구로, 흩어졌던 조직의 재정비를 뜻하는 것이 된다. 이러한 조직에 또다시 범예술단체를 확대한다는 명분으로 '조선문화건설중앙협의회'를 조직한다. 연극, 음악, 미술 분야 등의 구성원을 규합하여 해방 이후의 모든 문화예술에 종사하는 사람들을 거의 망라하게 된다. '조선문학건설본부'는 조직과 이념과 문학의 활동 범위를 완전히 드러내고, 1945년 8월 31일에 '조선문화건설중앙협의회' 서기국 명의로 '문화 활동의 기본적 일반 방책'을 발표한다. 이들은 당면 목표를 민족문화 건설에 두고 문화전선의 통일을 지향하는 것으로 사상적 이념과 경향을 관계치 않는 것으로 보였다.

그러나 조직의 본질이 서서히 드러나기 시작하자 우선 1945년 9월 17일 민족문학파와 해외문학파에 속했던 변영로, 박종화, 이하윤, 오상순, 김광섭, 김진섭, 이헌구 등이 단체의 좌경적 성격을 간파하

고 노선의 선명성을 의심하면서 '중앙문화협회'를 구성하여 독립해 나간다. 이어서 1945년 9월 17일 카프 조직의 맹원이었던 한설야, 이기영, 한효, 윤기정, 송영 등이 '조선문화건설중앙협의회'를 탈퇴하고 같은 해 9월 30일 음악, 미술, 연극, 영화를 통합한 '프롤레타리아예술동맹'을 만들어서 그들의 이념적 전통성과 사상적 노선과 그 지향 방향을 선명하게 노출한다.

이런 분열로 '문건'과 '예맹'의 갈등이 심해지자 조선공산당이 개입하게 되고 급기야 통합을 요구하게 된다. 1945년 11월 23일 박헌영이 중심이 된 조선공산당 장안파가 사회주의 정치 기구의 단일화와 좌익 문단의 단합을 요구하고 나서자 두 단체의 임원이 모여 1945년 12월 13일 '조선문학가동맹'을 발족시킨다.

이때부터 일부 문학인의 이념적·사상적 갈등과 월북이 시작된다. 1946년 2월 8일부터 9일까지 서울서 개최된 '조선문학가동맹' 제1차 전국문학자대회에 이기영, 한설야, 송영 등이 참석지 않은 가운데 조선공산당의 산하 조직으로서 진보적 민족문학 건설 등 다섯 가지 강령을 채택하고 문화통일전선운동을 전개한다. 이때 이미 이기영, 한설야는 서울에서 잠적하여 월북, 평양 문단에 합류하여 독자적인 조직을 만들었다.

뒤이어 1946년 송영, 안막, 안함광, 한효, 이동규, 윤기정, 박세영 등 '조선문학가동맹' 가담 문학인들이 문단 조직과 이념 노선의 갈등, 그리고 문단 내 지위에 불안을 느껴 제1차로 월북을 결행한다. 다음 해인 1947년 봄, 남로당 계열의 조선문학가동맹 제2차 전국문학자

대회가 정세의 불리를 이유로 무기 연기되고, 그 조직이 흔들리기 시작했다. 제1차로 월북한 조직의 임원들을 대부분 제외시켰는데, 중앙위원이었던 이기영, 한설야, 권환, 한효, 안함광, 윤기정, 이동규, 박세영 등을 조직의 임원에서 탈락시키고 후임 조치로 양주동, 채만식, 염상섭, 박태원, 박노갑과 함께 조운을 새롭게 중앙위원으로 임명하였다.

1945년 해방 공간에서 영광 건국준비위원회 부위원장을 맡은 뒤, 1947년 조선문학가동맹 중앙위원 임원들의 월북으로 인해 그 후임 중앙위원의 자리를 맡은 조운의 운명은 여기서 새로운 전기를 맡게 된다.

혼란기의 조선문학가동맹 중앙위원 피선

　고향 땅 영광에서 그 숱한 질곡의 터널을 헤치며 심취한 열정적인 창작과 우정 어린 친구들과의 교우, 그리고 구름다리와 큰 석류나무를 남겨 두고 떠나게 될 줄을 조운은 알았을까. 조운의 조선문학가동맹의 중앙위원 피선은 결국 시조「유자」라는 운명적인 작품을 남기는 동기가 되었고 피하지 못할 크나큰 그림자를 드리우게 된다.
　그 무렵의 우리 국내 정세를 살펴보자. 1946년 5월 공산당 정판사 위폐사건으로 얼룩진 공산당은 미제타도를 외쳐야 했고, 1946년 9월부터 전국적으로 파업과 시위의 나날이 이어졌다. 미군정은 드디어 공산당을 불법 단체로 규정, 박헌영을 전국에 수배하기 시작하였다. 조선문학가동맹은 그들이 내세웠던 문화운동의 실천 방향이 치명적인 제약을 받기 시작하고 주요 임원들은 사찰 대상이나 요시찰 인물로 주목받기 시작하자 대부분의 가담 문학인이 지하로 잠적하기 시작했다. 조운 역시 이러한 시대적 어려움과 사회적인 혼란기에서 운신의 폭이 좁아질 수밖에 없었다.

미군정의 공산당 불법화 조치로 조선문학가동맹의 핵심 간부들은 서울을 떠나는 것을 모색하게 된다. 이태준은 소련 여행 중에 평양에 머무른 채 돌아오지 않았다. 이후 임화, 김남천, 이원조, 오장환, 임학수, 박팔양, 김오성, 윤세중, 안희남 등도 서울 문단에서 자취를 감추고 만다. 제2차 월북이 감행되는 것이다.

조선문학가동맹은 황해도 해주에 거점을 둔 남로당 지도부와 결합하여 대남 공작을 기도하였으나 38선의 문은 더욱 굳게 닫혀 가고 남한에서는 단독정부 수립 움직임이 활발해지기 시작한다. 남북은 이제 하나가 아닌 분단이 기정사실로 되어가고 있었다. 문화통일전선 운동에 열성을 올리던 지도부는 서서히 무너지기 시작하였다.

이러한 상황에서 월북 대열은 1948년 대한민국 정부가 수립되는 과정까지 이루어지는데, 조운은 이 기간에 월북 대열에 합류한 것이 아닌가 하는 설이 제기된다. 조운의 작품 「유자」의 작시 연도가 1948년 6월 17일이라는 점이 이러한 가능성을 시사하고 있다. 왜냐하면 대한민국 정부 수립 이후에는 38선은 더욱 공고화되어 출입이 사실상 봉쇄된 것이나 마찬가지였기 때문이다.

1948년 8월 15일, 대한민국 정부가 수립되자 조선문학가동맹은 사실상 해체되고 말았다. 남은 문학인들은 사상 전향을 선언하거나 보도연맹에 가담하여 그들의 사상 성향 의지를 보이고 실천한다. 조선문학가동맹의 핵심 간부로 대한민국 정부 수립 시까지 서울에 남은 김기림, 박태원, 정지용, 설정식, 이용악, 송완순, 홍효민, 김용호 등은 사상 전향을 선언한다. 이후 1950년 6월 25일의 6·25 전쟁으로 문단은 다시 엄청난 혼란과 소용돌이에 파묻히게 된다. 전쟁 중에 월북하였던 이태준, 임화, 김남천, 안희남, 오장환 등 문학인이 서울에 나타나면서 서울에 남아 있던 문학인에게 새로운 시련이 닥친다. 월북과 납북이라는 새로운 국면에 처하게 되는 것이다.

일설에 의하면 조운도 서울에 왔다는 의견이 있기도 하다. 정영애의 논문 「조운시조연구」(조선대 석사논문, 2001)에서 "1950년 한국전쟁 중에 북조선 종군 문인으로 서울을 다녀갔다."라는 증언을 접할 수 있다.

6·25 전쟁으로 많은 월북 문인이 서울에 왔고, 이로 인해 문단의 갈등과 이념적 불안이 새롭게 야기되었다. 이러한 와중에서 자진 월북이나, 강제 납북의 과정에 휩쓸리는 경우들이 많이 발생하였다. 동란 중에 북행을 한 이광수, 김동환, 박영희, 김진섭, 김억, 김기림, 정지용, 박태원, 설정식, 이용악, 임서하, 송완순 등이 그들이었다. 이것이 제3차 월·납북이 되는 셈이다. 월북 문학인은 대부분 어떤 성향을 분별할 아무런 근거가 없다. 다만 과거 일제 강점기에 사회주의 문학운동과 카프에 연관된 핵심 문학인이거나 카프의 해산에 동조하지 않고 해산을 강경하게 반대한 이념파들이었다. 하지만 1930년대 순수한 문학의 옹호에 서 왔던 많은 문학인이 월북의 대열에 들어선 것은 역시 시대적·문단적 환경 요인에서 찾을 수밖에 없다.

조운의 경우도 여기에 해당한다고 할 수 있다. 1947년, 늦게 조선문학가동맹에 중앙위원으로 선출되었을 뿐 핵심적 행동의 기록은 크게 보이지 않았다. 그렇다고 이전에 카프나 프롤레타리아 운동에 가담한 사실도 없다. 그러나 "월북 문인에 대한 해답은 정치나 사상에 의한 판단보다는 문학인의 문학사적 위치에서 보아야 한다"는 문학평론가 권영민의 주장(『월북문인연구』, 문학사상사, 1989)을 음미할 필요가 있지 않을까 한다.

일제 강점기에 구속 상태를 겪은 조운은 여운형의 조선건국준비위원회의 영광 부지부장 시절, 조선인민공화국의 승인을 미군정이 거절하여 건준이 해체되는 등 자신이 설 입지가 무척 난감한 상태에 이르지 않았나 생각된다. 이러한 어수선한 시대적 상황으로 볼 때, 조운의 실제적인 월북 이유는 무엇이라고 생각해야 할까. 학자들의 주장과 같이 가난 때문이거나, 현실 사회에 대한 불만이거나, 사회주의 공화국에 대한 단순한 동경 때문이었을까? 그렇지 않으면 고향인 영광으로 돌아가지 못하는 말 못할 사연이라도 있었던가. 우리 민족이 걸어온 모순과 반목으로 점철된 역사는 더러는 운명의 손잡이를 무척 생소한 곳으로 돌려버리고 마는 우를 범하게 된다.

조운의 모든 행적을 더듬으면서 한 가지 뇌리를 떠나지 않는 문장을 발견하게 된다. "조운 군은 일견(一見)에 순결한 사람이었다. 그의 눈에는 일종의 비애(悲哀)의 빛이 있는 듯하였다."라는 춘원 이광수의 글이다. 어쩌면 춘원은 조운의 미래를 인지한 것으로 받아들일 수 있지 않을까.

제3장
운명의 갈림길, 월북

영광 출신 철학자 정종 교수와 대담

조운의 월북

조운의 월북은 "왜"와 "무엇 때문에"라는 의문에서 시작된다. 조운의 월북 행동이 과연 어떤 사상적인 문제와 관련이 있을까? 아니면 당시의 시대적 상황이 그를 월북이라는 극단적 행동을 하지 않을 수 없도록 만들었을까? 그러한 문제와 결부될 수 있는 사유에 대하여 남쪽에 남은 가족과 그리고 고향 땅 영광의 많은 친지와 친구들은 받아들일 수 없었다. 이유는 조운은 누구보다도 영광을 사랑했고 일제 식민지라는 멍에 속에서도 오직 영광 사람들을 위하여 헌신적으로 민족혼을 불태운 데다가, 영광에서 많은 문학적·사회적 일들을 이루어낸 지도급 인사로서 역할이 커서 고향을 등지리라고는 아무도 예측하지 않았기 때문이다.

『전라남도사』의 「영광의 독립운동사」 편에 의하면 당시의 지도급 인물로 조운이 포함되어 있다. 또한 그가 중심이 되어 결성한 청년회와 영농회 등이 주동하여 1919년 3월 14일 5백 명, 15일 1천 5명이 독립을 위한 시위를 벌였다는 기록을 읽을 수 있다. 1919년 영광의 3·1 독립운동을 지도한 인물이었다는 사실에서 운 씨가 행한 해방 이후의 행적은 더욱 의문으로 남을 수밖에 없다. 도서출판 작가에서 2000년 7월에 펴낸 『조운 시조집』의 1922년도 연보에는 이렇게 기록되어 있다.

1월 10일 차녀 나나(邢邢) 낳음. 중등과정인 사립영광학원 국어교사로 취임(이 학교는 조운과 한 터울 위의 매부인 위계후(魏啓厚)를 중심으로 영광의 지도자들이 설립한 학교로서 이 고장의 민족의식 고취와 계몽 운동의 거점이 되었으며, 5년제 영광중학교 설립 추진 및 전국적인 대일 교육항쟁으로 발전했던 영광 교육 운동의 모체가 되었음).

『자유예원(自由藝苑)』이라는 향토 문예지를 등사판으로 발간했음. 이 잡지는 우리나라 지방 문예 운동의 선구이며 효시로서 매주 월요일과 금요일 2회에 걸쳐 영광학원 교사나 학생, 그리고 일반 부녀자에 이르기까지 문학에 관심을 갖는 사람이면 누구나 의무적으로 작품을 내게 하여 장원을 한 작품은 문예 전문지인 『개벽사(開闢社)』나 『부인(婦人)』이라는 월간지에 발표하는 특전을 주었음.

이 학교 교사로 와 있던 박화성(朴花城) 씨도 세 번 장원하여 『부인』에 실렸다고 술회하고 있음. 10월 시조 동호회인 추인회(秋蚓會) 창립, 회원 30명이 월 1회 창작시조를 발표하고 등사판으로 시조집을 간행했음. 추인회는 이 같은 시조 창작 활동 이외에도 전국적으로 확산되고 있던 문맹 퇴치, 물산 장려, 왜화(倭貨) 배척 등의 계몽 운동에 참가하여 각종 강연회를 주최했으며 신재효(申在孝)의 판소리 여섯 마당의 발굴 복원, 소인극회의 활동, '에스페란토'의 보급 등에 앞장섰음.

이 무렵부터 가람 이병기(李秉岐)가 추인회의 초청으로 영광을 내왕하였으며, 이처럼 추인회의 움직임이 활발해지자 일경의 탄압을 받게 되어 결국 해체됨. 추인회는 『자유예원』과 아울러 우리나라의 대표적인 지방 문예 운동이었음.

이 기록에서 볼 때, 조운은 영광에서의 활동, 특히 문예 보급운동을 통하여 우리 민족의 자긍심을 고취하고, 정신적 주체를 영광에 사는 모든 이들에게 심어 줌으로써 그것이 바로 민족정신의 힘이 된다는 사실을 인지시켰다고 본다.

조운은 천부적으로 어떤 일을 보고만 있는 위인이 될 수 없었다. 위의 기록에 나타난 많은 일들은 조운의 지도로 이루어졌으며, 조운의 영향으로 비롯되었다는 것은 그 자신이 무언가 활발하게 움직여야 직성이 풀리는 성품이었고 그의 신념이 확고하다는 사실을 말해주기도 한다.

결국 조운의 운명적 행로가 되는 월북의 계기는, 해방 공간에서 본격적인 문단 조직체의 일원인 조선문학가동맹의 핵심 간부가 되었다는 사실이다. 조운은 누구보다 당시의 시대를 온몸으로 겪어 왔기에 그 무렵의 상황을 판단하였을 것이며, 문단의 이념이 한쪽으로 기울어지고 있는 시대적 흐름을 모를 리 없었다.

당시의 문단적 조류에 동승해야 했던 시대적 배경을 외면할 수 없었던 것이 조운의 운명을 판가름하는 결정적인 문제의 발단이었던 것으로 보인다. 그렇다면 당시의 시대 상황으로 거슬러 올라가 조운이 월북을 하지 않으면 안 되었던 이유와 여건, 그리고 심정에 대한

학자들의 논점을 추리하고 역사를 더듬을 수밖에 없다. 과연 조운은 북한에서 모든 것이 흡족한 상태였을까? 이러한 문제는 훗날 다루어질 날이 있으리라 본다.

의문 속의 월북 동기와 행적

조운의 월북과 관계되는 많은 연구 논문에서 월북의 동기 및 심정, 그리고 월북 연도를 다음과 같이 집약할 수 있다.

시조시인 한춘섭은 1977년 『시조문학』 6월호에 「운, 조주현 시인론」을 발표한 이후 「영광이 낳은 시조문학의 대가 조운 시인론」(『옥당문화』 제4호, 영광문화원, 1989) 「찾아낸 조운 시인의 면모」(『시조문학』 제19호, 1990) 「약소민족 분단역사의 조운」(『칠산문학』 제13호, 2000) 「조운 시조시의 우수성」(『영광문학』 창간호, 2001) 등 비교적 많은 연구로 조운의 시조와 그의 행적의 탐색에 노력하고 있다.

한춘섭의 논문 「영광이 낳은 시조문학의 대가 조운 시인론」에서 "그의 사상적인 지조가 북한에 쏠려서 월북한 건 아니었으며, 가난과 고통을 해결하기 위하여 두 번째 아내와 함께 어쩔 길 없이 북쪽 땅을 짚은 결과가 되고 말았다."고 기술하고, 「찾아낸 조운 시인의 면모」라는 글에서 "조운의 시인적인 결벽성 탓일까 아니면, 빈궁하고 혼란한 시대의 적응이 어려워서인가. 끝내 월북의 결심을 하여 온 가족을 데리고 1948년 훌훌히 38경계선을 넘어가고 말았다."고 밝히고 있다.

같은 글에서 "이 가운데 조운은 강경파 조선프롤레타리아문학동맹의 문인들이 1차로 서울에서 자취를 감춘 이후에 이태준 계파의 뒤를 따라 1948년 자신의 가족을 데리고 자진 월북하였다." 그리고 이어서 "조선문학가동맹의 중앙위원이 된 조운은 핵심 간부로서 이념적 대립에서 오는 갈등과 북한예술동맹체로부터의 영향을 받아 자신의 사상적 전환을 결단한 것 같다."고 함으로써 1989년의 집필 시에 '가난과 고통'과 '사상적 지조'로 논점을 잡았던 것을 1990년에 집필한 글에서는 '사상적 전환'으로 논조를 수정하고 있음을 볼 수 있다.

이정자는 「밝혀진 조운의 면모와 그의 작품 연구」(『시조문학』 통권 96호, 1990년 가을)라는 글에서 "1947년 봄에 개최 예정이었던 제2차 전국문학자대회가 연기·무산된 채 동맹의 중앙위원이 된 조운은 핵심 간부로서 이념적 대립에서 오는 갈등과 북한예술 동맹체로부터의 영향을 받아 사상적 전환을 하여 1948년 끝내 월북을 결심하고 38경계선을 넘어가고 만다."고 기술하고 있다.

김종호는 「조운 시조 연구」(한국교원대 석사논문, 1996. 2)에서 "조운은 강경한 조선프롤레타리아문학동맹의 문인들이 1차로 서울에서 감춘 이후에, 이태준 계파의 뒤를 따라 1948년 가족을 데리고 월북한 것으로 전해지는데, 월북 동기에 대해서는 분명히 알려지지 않고 있다."고 기술하고 "사상적 변모의 필연적 계기가 희박한 채, 월북한 조운이 좌경한 뚜렷한 이유를 더 이상 발견할 수 없음을 밝혀 둔다."라고 진단하고 있다.

류제하는 「다양한 시도가 주는 현대성」(『시조문학』 통권 45호, 1980년 봄)에서 "해방 이후 어수선했던 시류에 휘말려 상황 판단을 제대로 할 겨를도 없이 자신을 포기한 행위가 그러한 결과를 초래한 것으로 여겨진다."고 시류적 현상으로 인한 자기 포기 현상이라고 결론을 내리고 있다.

김기현은 「조운의 생애와 문학」(『시조시논총』 제6집, 한국시조학회, 1990)에서 월북의 동기를 "첫째 가난한 생활이 지겨웠고, 둘째 불안한 시대에 적응하기도 어려워 북행의 결심을 굳힌 듯하다."라고 열거하며 관련 자료를 근거로 이같이 추정하고 있다.

조창환은 「조운론」(『인문논총』 제1집, 아주대, 1990)에서 "많은 월북 문인들의 예에서 보듯이 이념적 투쟁의 탈출구로서 북행을 결심한 것이기보다는, 사회주의 공화국에 대한 동경과 호기심이 그를 자극한 것 같다."라고 함으로써 어느 누구도 운 씨의 월북에 대한 진의는 파악하지 못하고 있다.

박향선은 그의 글 「영광-한국 현대시조의 산실」(『칠산문학』 제13호, 2000. 12)에서 "그가 남한에 남기고 간 자료에 의하면 조운 시조시인이 공산주의를 신봉한 증거는 없다고 한다. 단지 미국 군정하에 남한이 단독정부 수립 후 민족사상이 투철한 조운 시조시인이 서울에서 그가 발붙일 곳이 없어서 월북했을 것이라는 의견이 지배적이다."라고 함으로써 서울의 문단적 상황과의 관계에 초점을 맞추고 있다.

그런가 하면 그가 월북하게 된 동기는 해방 공간의 민족 분열상에 상처받아 북녘으로 피해 달아난 것이라거나, 영광 지방에서 친일 세력들에 밀려 서울로 이주, 월북을 꿈꾸고 있었다는 견해도 있다. 이러한 판단은 하나의 가설에 지나지 않지만 검토의 대상은 될 수 있다.

월북한 연도 역시 1948년과 1949년 두 가지로 나뉜다.

조운을 연구하는 논문과 학위논문 중에서 임종찬, 김주석, 이정자, 문무학, 곽동훈, 한춘섭, 김종호 그리고 정영애의 학위논문(2001. 8) 등에서는 월북 연도가 1948년으로 나타나고 있다. 반면 1990년 9월 도서출판 남풍에서 발간한 『조운 문학전집』, 2000년 7월 도서출판 작가에서 출판한 『조운 시조집』, 2000년 12월에 도서출판 태학사에서 '우리 시대 현대시조 100인선'의 다섯 번째로 출간한 『구룡폭포』 등의 서적과, 연구자 김춘섭, 문병란 등은 1949년에 월북한 것으로 기록하고 있다.

연구자 대부분은 '가족과 함께 월북'이라고 기술했다. 그중 곽동훈과 정영애는 월북 장소를 '황해도 해주'로 지칭하고 있다. 이러한 황해도 해주설은 그 당시 조선문학가동맹이 소속한 남로당이 황해도 해주에 거점을 정해 놓고 있었다는 사실에 유념할 필요가 있다.

이와 같은 연구자들의 주장을 종합해 본다면, 시대적 상황이 큰 변수로 작용했음을 알 수 있겠다. 좌우 세력은 물론 친일 세력에 대한 문제가 제기된 상황에서 몇몇 연구자들의 주장처럼 그가 진정으로 공산주의자로서의 핵심적인 역할을 했다기보다는 그 당시 시대적 상황과 문학 단체의 흐름이 그를 남한 내에 가만히 놓아둘 수 없는 위기적 상황이 급박하게 몰아닥쳐 월북하지 않았을까 추리해 볼 수 있다.

시조 「유자(柚子)」에 함축된 절박한 심상

조운이 1948년 6월 17일에 쓴 것으로 날짜가 적혀 있는 시조 「유자(柚子)」는 1947년 5월 5일 조선사판으로 발간된 『조운 시조집』에는 수록되지 않았고, 이후에 나온 3권의 시조집에는 모두 수록되고 있다. 실로 조운의 심정을 숨김없이 나타내고 있다고 평가되는 작품이다. 「유자」의 전문이다.

유자(柚子)는 향기롭다 조국(祖國)처럼 향기롭다
니울줄 모르는 잎에안게 자랐노니
가시성(城) 육백리(六百里)두리 한라산(漢拏山)을 지킨다

물을 건너오면 탱자된다 하거니와
물을 건너가면 탱자도 유자(柚子)된지
밤마다 한라산(韓拏山) 봉우리 별이 불른다노나

— 1948. 6. 17

향리의 후학 철학자 정종은 「기정 조운의 시조 세계와 그 인간」(『고향의 시인들, 시인들의 고향』, 동남풍, 1995. 3)이란 글에서 「유자」의 작시 동기를 다음과 같이 분석하고 있다.

> 이는 광복 후의 첫 작품인데, 시대적 배경과 개인의 처지가 혼미스러운 조건들로 둘러싸인 때였다. 몽양(夢陽) 중심의 '건준'이 후퇴하고, 고향에는 반몽양파(反夢陽派) 계열이 등장하는 등 조야가 온통 좌우의 싸움으로 북새통을 이루게 되는 가운데, 38선은 낙관적인 예상과는 달리 마선(魔線)으로 굳어만 가고, 여순 군인반란사건과 그 뒤를 이은 6·25 전쟁 발발의 조짐조차 드러나는 어수선한 분위기 속에서 조운은 생존을 위한 몸부림을 하지 않으면 아니 될 위기가 다가오고 있음을 감지하던 때에, 이 작품을 내놓은 셈이다.

이 글은 당시의 절박한 시대 상황에 초점을 맞추고 있다. 정종은 조운의 월북에 대한 동기를 "고향에는 반몽양파 계열이 등장"하는 상황이 고향으로 다시 돌아가야 할 것을 망설이게 하고 더욱 거부하게 된 것으로 보았다. 그리고 "어수선한 분위기 속에서 조운은 생존을 위한 몸부림"을 하게 되는 고통 속에서 선택의 폭이 좁아졌다고 생각하는 것이다.

시대적 고뇌와 시대적 혼란에 맞추어진 작품 「유자」에 내재한 조운의 심정적 갈등은 과연 무엇이었으며 시조에 숨겨진 그의 무한한 담화는 무엇이었을까. 그는 자신의 내면세계를 어떻게 들추어내려 했을까. 조운이 「유자(柚子)」를 쓴 시기를 월북하기 직전으로 날짜를 기록하고 있다는 점을 유의할 필요가 있겠다. 또한 이 작품 속에 나타난 '유자'는 무엇을 은유하고 있는 것이며 탱자는 무엇을 암시하려 했는지가 또 하나의 초점이 될 수 있겠다. 그것은 그의 월북의 연대와 상관관계를 갖고 있다는 데 이 작품의 의미를 찾을 수 있기 때문이다.

평소 조운 시조의 암시성과 은유는 대단한 시적 가치를 지니고 있다. 하지만 이때 발표한 시「유자」에서 내포하고 있는 여러 암시와 이미지는 무척 생경하고 낯설게 느껴짐은 물론 해석에 어려움을 동반한다. 어쩌면 단순하게 느껴질 수도 있는 일련의 행동과 모순과 암울함과 고뇌가 스며있기 때문이다. 한 예로 조운이 말하는 남쪽의 산 한라산 봉우리의 별은 무엇을 의미할까. 어쩌면 단순하게 느껴질 수도 있는 일련의 표현에 모순과 암울함과 고뇌가 스며있기 때문이다.

사실 작품「유자」는 조운의 월북이라는 행적과 결부해서 파악되어야 할 부분이 많다. 그가 월북하기 직전에 발표된 이 작품의 평가를 시대적·사회적 현상에 결부시키려는 의도는 불가피한 일이기도 하다. 작품이 내포하는 비유의 현상이 그의 행동과 관련을 맺기 때문이다. 작가나 시인의 작품은 사회적·시대적 감성과 연결하여 연구의 대상이 되는 경우가 많은데, 특히 조운의 이 작품은 그러한 관점에서 파악되어야 한다.

김종호는「조운 시조 연구」(한국교원대 석사논문, 1996. 2)에서 "작품에서 '건너오면 ↔ 건너가면'이 대조되면서 나타내려 한 심상이 확실해지는 경우이다. 물이라고 하는 공간을 사이에 두고 예견되는 유자와 탱자의 변모는, 당시의 시대 상황에 비추어 볼 때 다분히 비유적으로 쓰였다고 보인다. 지은이의 착잡한 심정을 읽을 수 있다."라고 함으로써 그 당시의 시대적 정황에 초점을 맞추고 있다.

정종 역시 「고뇌 속에서 민족혼을 노래한 큰 시인」(『영광문학』 창간호, 2001. 12)이라는 글에서 당시 조운의 정신적 난맥상을 읽고 있다.

이 시조는 그이의 다른 모든 것과는 그 패턴이 전연 다른 시상에다 시어도 예사롭지 않고 전체 구조도 난맥상을 노정시키고 있는 것처럼 보인다. 더욱 전체적 의미 연관도 애매하기 짝이 없다는 느낌을 준다. 그것이 사실이라면 이 시조는 난해할 수밖에 없다.

그렇다면 어찌하여 그이는 자기 성채(城砦)를 끝내 지키지 않고 뛰쳐나와 느닷없는 변조를 보여주고 있는 것일까? 시작의 순간에 시인 자신이 어떤 변조를 일으키고 있는 것은 아닐까? 어떤 정신적인 난맥상 같은 것을 스스로가 경험하고 있는 것은 아닐까? 정신적인 난맥상, 그것은 정신의 기저가 흔들리고 있다는 것을 뜻한다.

그러한 정신적 상황을 우리는 고뇌라고 불러왔다. 민족혼의 가인, 조운은 지금 고뇌의 수렁 속에서 헤매고 있는 것이다. 50평생 줄기차게 민족 혼가만 불러오던 시인의 가슴속에 "두 개의 혼이 살고 있다(괴테)"는 것인가? 북이냐 남이냐 하는 갈림길에서 고뇌는 깊어지고 그 고뇌는 지금 결단을 강요하고 있음이다. 북으로 가기는 가야 하겠지만 일가권속을 거느린, 더구나 노모까지 모신 북행길이 어찌 그리 쉬울 노릇인가?

지극한 민족혼애로부터 그 생애를 연 인간 조운이, 남에서의 생애를 마감해야 하는 순간의 고비 – 조국을 맞바꾸려 드는 마음의 노도광란 한복판에서 「유자」가 탄생했다는 생각이 든다. "조국처럼 향기롭다"는 유자는 한라산을 상기시키고 한라산은 지난 50년의 생애를 감싸줄 조국을 상징하며, 또 조국은 그이에게 있어서 끝내 못 모시고 가는 노모가 여생을 외롭게 보내야 하는 모국이기도 했으리라.

정종의 평가는 혼란기의 조운이 처한 심정의 일면을 말해준다. 철학자 정종은 이외에도, 5년 손위인 조운 시인에 대한 글을 많이 남겼다. 동향 선배 시인의 고뇌를 이해하려 하고 시인의 행동을 가슴 아파했다. 정종은 조운의 월북 직전의 모습을 "나는 이렇게 노모를 영광에 남겨 두고 떠난 것으로 잘못 알았는데 실은 모시고 가다가 역시 노모여서 영광으로 내려 보내는데 어느 분의 도움을 받았다는 후일담이 있다. 오셔서 따님네 집을 두 번 바꾸면서 임종을 맞으셨다고 한다. 그러니 효성이 지극한 조운 선생이, 노모와 동행이 안 된 북행길에서 얼마나 발걸음이 무겁고, 뒤돌아 뵈는 한과 한숨으로 얼마나 숨이 막히는 길이었을까?"

조운의 어머니 사랑은 남달랐다. 그의 시조 「어머니 회갑에」에서 다음과 같이 애틋한 심정을 읽을 수 있다.

> 아버지 일찍 여읜 우리들 칠남매(七男妹)를
> 한 이불에 재워놓고 행여나 깨울세라
> 말없이 울어 새우신 적이 몇 번이나 되시노.
>
> 우는 애 보채는 애 등에 업고 품에 품고
> 여름비 겨울눈을 마다 아니 하셨건만
> 봄바람 가을달이야 좋을 줄을 아셨으리.
>
> 벽에 금이 날로 높고 철마다 옷이 짧아
> 크는 것만 좋아하고 늙는 줄은 모르시다
> 오늘의 백발(白髮)을 만지시며 속절없어 하시네.

우리 시대의 많은 어머니가 겪었을 일이지만 조운의 어머니 생각은 한없는 간절함과 애틋한 심정으로 나타난다. 칠남매를 홀로 키우신 어머니의 그 힘든 상황을 영광의 정설영 시인은 이 작품의 해설에서 다음과 같이 말하고 있다.

> 조운 어머니는 줄줄이 딸 넷을 낳고 몸 둘 바를 몰랐던지 다섯 번째로 애(조운)를 낳을 때 다음과 같은 일화가 전한다.
> 애를 낳으려고 진통이 시작되는데, 시아버지가 그랬던지, 남편이 그랬던지, 집안 어른이 그랬던지, 지금 안 낳고 2시간 뒤에 낳으면 사주팔자가 좋은 아이가 태어난다고 하니까, 다듬잇돌 위에 올라가 문(?)을 꽉 막고 있다가 기어이 2시간 후에 낳았다 한다. 이렇게 죽기를 각오하고 낳은 외아들이었던 만큼 정을 함빡 쏟아 부으며 남편이 타계한 뒤에는 남편처럼 의지하며 살았을 것이다.
> 그의 어머니는 조운이 월북하고 나서 몽매에도 잊지 못하다가, 어느 여름날은 '똑똑한 아들을 낳으면 부모 곁에 둘 수 없나 보다. 이미 나라와 민족을 위해 바친 아들이니 이제 그만 생각일랑 말아야겠구나!' 이렇게 혼자서 넋두리하곤 죽을 때까지 아들의 '아' 자도 꺼내지 않았다 한다.
>
> — 이소천 증언

정설영 시인의 「조운 문학 길라잡이⑩」(『영광신문』, 2004. 4. 23)라는 해설 속에 이소천 증언에서 보듯이 조운의 파란은 이미 예견된 것인지도 모를 일이다.

영광에 사는 노경숙(『영광신문』 한성모 편집국장의 자당)의 증언에 의하면 조운의 어머니를 '밭 가운데 할머니'라고들 불렀다고 한다. 어느 날, 함풍 노씨의 집안으로 한강사진관을 경영한 노경숙의 남편인 한배섭이 조운의 연락을 받고 그의 어머니를 모시고 서울로 찾아갔으나 이미 월북한 후였다고 증언하였다. 그해가 정확히 언제인가는 오랜 세월이 흘러 기억해 낼 수 없었다는 증언도 역시 조운과 어머니와의 관계에서 확실한 정답을 하기 어려운 상태라 하겠다.

조운이 쓴 이 땅에서의 마지막 시조인 「유자」에서 나타내려 한 자신의 심정은 과연 무엇이었을까?

그의 고뇌가 함축된 이 작품에서 그는 유자의 향기와 조국의 향기를 동일시하였다. 또한 한라산의 상징성에 대한 애착이 드러난 "가시성(城) 육백리(六百里) 두리 한라산(漢拏山)을 지킨다."라는 고백에서 '지킨다'라는 말에 농축된 단정적 표현으로 애증이 교차하는 심정이 절실함을 알 수 있다.

둘째 연에서 탱자의 '건너오면'과 '건너가면'에서 '오다'와 '가다'라는 동사가 주는 의미, 또 '탱자'와 '유자'의 상관관계를 통해 이미 조운은 많은 인간적 고뇌의 징후를 노출시키고 있다. 또한 그의 월북과 관련되는 심정적 고통을 직감할 수 있기도 하다. 그리고 마지막 행 "한라산 봉우리 별"에서 남쪽 한라산의 '별'에 대한 미련을 버리지 못함을 볼 때, 향리에 대한 애정을 잊지 못하는 그에게 인간적 연민을 느낄 수 있다.

그렇다면 조운의 월북은 정확히 무엇 때문이었을까. 자의인가, 타의인가? 주변의 어떤 상황이 시인을 그렇게 행동하지 않으면 안 될 상황으로 몰아넣었는가? 이것은 조운을 이해하고 그의 시조를 연구하는 데 있어서 가장 큰 과제이다.

조운이 쓴 이 땅에서의 마지막 시조인 「유자」에서 나타내려는 시인의 심정은 과연 나의 조국, 나의 어머니와 자신의 주변 인물들이 숨쉬고 살아 생존하고 활동하는 땅, 영광을 버리고 떠나야만 하는 심정은 어떠했을까. 이것에 대한 해답은 영광 땅, 그 시대의 상황인식과 관련이 있다는 점도 이해하고 밝혀야 한다. 조운의 월북이라는 멍에에 대한 해답은 이 문제를 풀어야만 되는 조운의 심정을 밝혀 볼 수 있다.

제4장
구름다리 위를 거닐다

전남 영광읍에 조운 생가 앞 구름다리

인간적 면모와 영광에서의 활동

　조운은 무척 활달하고 적극적인 성품으로 향리의 문화 활동과 계몽운동을 주도했음을 여러 기록에서 찾아볼 수 있다. 그의 작품은 월북 이후 당국에 의해 금서로 지정되어 읽을 수 없었고 연구 대상에서도 제외되었다. 그러나 1988년 그의 해금 소식이 알려지자 고향 영광에서는 여러 분야의 유지들이 조운 기념사업회를 조직하는 열의를 보였다. 고향 땅 영광은 조운이 고향을 위하여 헌신한 업적과 그의 매력적인 인품을 잊지 않았던 것이다.

　많은 월북 문학인에 대하여 네 번에 걸쳐 정부 차원의 공식적인 해금 조처가 있어서 해금 문학인에 대한 연구와 출판물 발간에 활력을 불어넣기도 했다. 그렇다고는 해도 문인의 출신지 향리에서 대대적으로 기념사업을 벌이는 경우는 그리 흔치 않았다. 따라서 1988년 7월 19일 그의 해금 소식과 함께 향리에서 1990년 조운에 대한 본격적인 사업이 시작된 것은 매우 특별했다고 할 수 있다.

그 첫 사업의 결실이 도서출판 남풍에서 출간한 『조운 문학전집』으로 모두 238쪽이었다. 이 책을 간행하게 된 내력을 『광주 매일신문』 객원 논설위원인 조운의 생질 위증(魏增)은 「내 외삼촌 이야기」(『향맥』 제14집, 2001)에서 이렇게 기록하고 있다.

> 본격적인 해금이 단행된 것은 1988년 4월 1일이요 막상 외삼촌이 해금된 것은 그 석 달 후인 7월 19일이다. 맨 마지막으로 『임꺽정』의 저자인 홍명희와 함께 해금되었던 것이다. 그 며칠 후 나는 당시 광주박물관장이던 이을호 박사의 부름을 받았다. 그 자리에는 영광의 고(故) 이기태도 함께 있었다. 이 자리에서 우리는 『조운 문학전집』의 출판 준비를 하명 받았고 7월 28일에 발기 모임, 10월 7일에 간행위원회가 발족되었다. 그리고 그 책이 발행된 것은 1990년 9월 17일이었다.

조운의 해금이 단행되자, 그의 문학전집 발간은 영광 인사들에게는 절실한 사항이었던 것이다. 그럴 수밖에 없는 것이 해방 전 영광에서 조운이 뿌려 놓은 흔적이 워낙 강하게 남아 있었고, 후학들은 이를 기억하고 있었기 때문이다.

문학의 해인 1996년에 조운의 시조 33편을 묶은 시조집을 발간하는 글에서 이을호는 "선생은 결코 천생의 시인일 뿐 아니라 오히려 우리와 함께 이 시대의 삶을 살아온 모든 사람의 마음을 울려 놓은 시인이기에 오늘에도 우리는 그를 잊지 못하고 다시금 찾게 되는 것이다."라고 하면서 조운을 천생의 시인이요 사람들의 마음을 울려 놓은 시인으로 평가한다.

영광문화원장인 조남식은 "평소에는 짧은 머리형에 흰색 두루마기나 검정 두루마기 차림이었다. 새까만 눈썹과 초점이 분명한 눈매에 카랑카랑한 목소리로 설득력 있게 조선건국위원회 조직 결성의 당위성을 연설할 때면 운집한 군중들의 박수소리가 끊이지 않았었다."(『향맥』 제14집, 2001)라고 증언한다. 이것으로 보아 영광의 많은 사람이 조운의 지도력에 선망을 품고 살아온 것이 분명하다.

조운 연구가 한춘섭은 "20세 초반부터 전 국토를 두루 방랑한 조운은 심지어 만주 지방까지 떠돌아다닌 적이 있었으며, 왜소한 신체에서 풍기는 외모의 인상은 한마디로 신경이 예민한 사람이었다."(『옥당문화』 제4집, 1989)라면서 그의 방랑벽과 예민한 성격을 지적하고 있다.

강직한 인상의 순결한 천재 시인

조운의 인상을 가장 날카롭게 평한 춘원 이광수는 「다난한 반생의 도정(途程)」(『조광』, 1936)이라는 글에서 조운을 처음 만난 이야기를 다음과 같이 기술하고 있다.

> 둘째로 말하고 싶은 것은 조운 군에 관하여서다. 하루는 검정 무명 두루마기를 입은 심히 초췌한 소년(나는 그렇게 생각하였다. 기실(基實)은 나와 나이 얼마 틀리지 아니하건마는)이 내 집을 찾아 왔다. 그는 전남 영광에서 일부러 나를 찾아왔노라 할 때에 나는 황송한 생각을 가지지 아니할 수 없었다. 내가 무엇이기에 부끄러운 것 밖에 아무것도 없는 나를 이처럼 찾아오셨는고 하고 나는 그의 손을 잡고 얼른 놓지를 못하였다.
> 조운 군은 일견에 순결한 사람이었다. 그의 눈에는 일종의 비애의 빛이 있는 듯하였다. 조운 군은 몇 편의 시를 내게 보였다. 모두 상(想)과 용어가 보드랍고 아름다워서 풀 사이로 소리 없이 흐르는 맑은 시냇물과 같았다. 그 뒤에 조운 군은 시 백여 편을 모은 시집 원고를 내게 보내었다. 그것은 '갈피리'라는 제호였다.

전원의 평화스러운 기쁨과 도시식 과장(誇張) 없는 비애와 목가적 사랑의 동경과 이러한 기분으로 찬 시인이었다. 나는 조운 군을 마음으로 깊이 사랑하였다. 그러나 그때에 나는 그를 도울 힘도 그의 시집을 출판할 힘도 없었다. 나는 몇 출판사에 그의 시고를 보이고 추천하였으나 아무도 이 천재시인을 알아주는 자가 없었다. 그리고 그 시고는 어느 출판업자의 손에서 분실되고 말았다. 나는 이것을 안 때에 대단히 마음이 아팠다. 회복할 수 없는 갈피리, 잃어진 갈피리였다.

그러나 조운 군은 그 시집 원고를 전연 잊어버린 듯이 아무 독촉도 없었다. 시고를 잃었다는 말을 듣고는 그는 잠시 망연할 뿐 아무 말이 없었다. 그는 내가 미안할 것을 가엾이 여김인지, 나는 죽고 싶게 미안하였다. 그 후 조 군은 병으로 앓는다고도 하고, 병이 나아서 금융조합 서기로 호구를 한다고 하였다. 통신도 끊었으나 나의 잊지 못할 심우의 하나임에는 변함이 없었다.

춘원은 이 글을 1936년 4월부터 6월에 『조광』지에 발표하였다. 조운에 대한 첫 인상기가 비교적 예리하고 깊은 애정에 차 있으며 조운을 소년으로 보고 있는 것이 인상적이다. 조운이 1900년생이고, 춘원은 1892년생이니 두 사람은 여덟 살의 나이 차이를 나타낸다. 춘원의 눈에 조운은 퍽 어리게 보였던 모양이다. 그리고 조운의 용모에서 순결한 사람으로 생각했다고 했는데, 비애의 빛도 보았다는 것은 조운의 앞길을 예측하고 있었던 것이 아닐까. 그러면서 춘원은 조운의 시적 천재성을 보았고 그래서 '천재시인'이라는 수식어를 서슴없이 사용함으로 조운에 대한 시적 평가를 내리고 있다.

시고(詩稿)를 잃어버렸다는 것을 알고 난 후 조운의 모습에서 '잠시 망연할 뿐'이라는 춘원의 표현도 무척 인상적이다. 춘원의 이러한 글에서 그 무렵의 조운의 강한 인상과 초연한 태도는 물론 한 시인의 담대한 인품을 읽어낼 수 있다.

조운은 『조선문단』, 1927년 2월호에 「병인년의 시조」라는 비평문을 발표하면서 '정주랑(靜州郎)'이라는 필명을 사용하고 있다. 정주랑은 같은 호 지면에 시조와 평문, 두 편의 작품을 발표하다 보니 임시로 사용한 필명이었을 것으로 생각된다. 당시 그가 작품 활동을 많이 한 문예지 『조선문단』에는 '문사들의 이 모양, 저 모양' '문사 소식편' '문사들의 얼굴' '글 쓰는 이의 주소' '문단산화' 등의 고정란에 그의 인물평이 짧지만 비교적 상세하게 소개되어 있다. 이 고정란을 쓴 사람의 필명이 '춘해(春海)'라고 되어 있는 걸 보면 당시 이 잡지의 편집을 맡고 있었던 소설가 방인근(方仁根)이 집필했음을 알 수 있다. 고정란의 인물평은 몇 호에 걸쳐 실려 있다.

1925년 2월호 (제5호)
조운(曺雲) – 전라도 땅 영광 시인이다. 법성포 시인이다. 어려서부터 시로 자라난 씨는 시를 생명으로 삼는다. 엄청나게 빠른 말에 전라도 사투리가 좀 섞겼다. 조고마한 양반인데 모든 것이 의지의 남자같이 보인다. 영광에 독서구락부이니 기타 문헌이 많은 모양.

1925년 7월호 (제10호)
조운 – 영광 시골양반이 서울 와서 시가 연구한다더니 수일 전 돌아갔다고.

1925년 9월호 (제11호)
조운 – 시골집으로 내려갔는데 『조선문단』 7월호에 실린 「정열(情熱)」

이란 시 끝에 B동 C군이란 것을 서해 군의 교정 부주의로 B동 C양이라고 되어서 세상의 오해를 받는다고. 소설의 주인공을 작자로 믿는 사람이면 그렇게 믿는대도 할 수 없지…… 조운군은 대노하야 서해에게 고소장이 내도(來到), 그러나 정식 아니고 소식(笑式)이라고.

1925년 10월호 (제12호)
조운 – 전남 영광읍내 구름다리 – '글 쓰는 이들의 주소'

1926년 5월호 (제16호)
조운 – 걀족, 동고소롬한 얼굴이 앞으로 불쑥 톡 불거저나와 적은 입과 큰 코와 또렷한 눈이 – 경망하게도 뵈이고 재기가 도는 것으로 뵈이고 수수한 재(材)머슴처럼도 뵈이고 씩씩하기도 뵈이고 다정하게도 뵈이고 또 쌀쌀하게도 뵈이고 미운 듯 하기도 뵈이고 이쁜 듯 하게도 뵈이고 좀 알기 어려운 얼굴이다. 수염은 없고 머리는 특별하게 하이카라가 아니고 인력차부처럼 상고머리로 박싹 깍었다.

1927년 2월호 (4권 2호)
조운 – 전남 영광에서 시조 창법 연구.

당시 문예지의 편집 방식에 비추어서는 퍽 인상적인 인물평으로 삽화 형식의 글이다. 이 고정란에는 당시의 많은 문인들이 대상이 되고 있는데, 주로 그들의 근황을 전하고 있다. 이와 함께 문단 인물들의 인물평과 동정, 성격, 용모나 외양, 습관, 옷 입는 모습 등을 스케치해서 독자들에게 알리고 있다. 농담조의 가벼운 읽을거리도 제공하고 있는 것을 보면 잡지의 편집 스타일이 동양적인 것에서 서구적으로 바뀌어 가는 것을 알 수 있다. 당시 우리의 시대적 특성이나 의

식구조가 아직 양반적 습성에 젖어 있는 시기에, 근대 사조의 도입과 갑오년의 새로운 제도적 장치에 익숙해지려는, 보다 진보적인 형태를 꾀하려는 잡지 편집진의 의도가 엿보인다.

조운의 인상기에서도 비교적 자세하게 외모와 행동을 표현하고 있어서 그의 인품과 인간적 면모를 파악할 수 있는 단편적 자료가 될 수 있다. 특히 말하는 습관은 '엄청나게 말이 빠른' 것을 알 수 있다. 키도 '조고만한'이란 표현에서 작은 체구였음을 짐작케 한다. 용모에 관해서도 '갸족' '동고소롬' '불쑥 톡 불거저 나온 얼굴' '큰 코' '또렷한 눈' 등의 표현을 통해 그의 생김새를 상상해 볼 수 있다. 좀 긴 얼굴에 큰 코와 윤곽이 뚜렷한 눈을 지닌 얼굴 모습이었을 것이다.

'기타 문헌'이 많다는 점도 눈여겨볼 일이다. 소설가 박화성(朴花城)도 그에 대해서 "가난하게 보였던 그가 산더미같이 쌓인 서적 틈을 왕래하며 내게 필요한 책들을 고르고 있을 때 그가 완연한 천석꾼 부호로 내게 부각되어 오는 것을 느꼈던 것이다"(「남기고 싶은 이야기들」, 『중앙일보』, 1977. 12. 8)라고 평했다. 이 글을 통해 조운은 많은 책을 가지고 있었음을 알 수 있다.

조운의 생질 위증은 외삼촌을 회고하는 글에서 "간혹 머리를 스치는 그의 모습은 조선영단(대한식량공사의 전신) 시절의 일본식 국민복 차림이거나 까만 두루마기의 까까머리 모습이다. 예외 없이 그 기억의 배경은 지금의 새집이 아니라 옛날의 외갓집이고 새까만 눈썹과 초점이 분명한 눈매와 카랑카랑한 목소리"(『향맥』 제14집, 2001) 등이 인상적이었다고 말한다.

재기발랄한 언행과 원만한 성품

　인물평에 나타난 '의지의 남자' '재기가 도는 것' '쌀쌀하게도 보이고' '다정하게도 보이고' 등의 표현을 통해서 그는 성격이 퍽 강직하면서도 정이 많았음을 알 수 있다. 가정에서나 일가친척의 모임에서도 재치 넘치는 말로 좌중을 웃기기도 하고 위기를 모면하기도 하였다고 한다. 그는 순간적인 재치가 퍽 뛰어났던 인물이라는 인상을 주었던 모양이다.

　조운의 가정에서는 가끔 집안사람들이 모여 '상추쌈대회' '호박죽대회' '팥죽대회' 등을 하였다고 한다. 주로 어머니와 형제들이 모여 이루어진 이 행사는 아마도 조운의 기발한 착상에서 비롯되었다고 볼 수 있다. 생질 위증은 당시의 상황을 다음과 같이 기술하고 있다.

위증(생질)

특별한 잔칫날이 아니더라도 우리 어머니와 이모님들은 자주 외갓집에 모였다. 모임의 명목은 '상치쌈대회'라든가 '호박죽대회'이고 겨울에는 주로 '팥죽대회'였다. 밤이 깊어 가면 눈 속에 묻어 둔 고구마나 무구덩이에서 무를 캐다가 깎아 먹으며 자정 넘어서까지 자글자글 흐드러지는 웃음판을 벌였다. 주로 웃기는 사람은 외삼촌이었는데 무엇 때문에 그렇게 웃었는지는 기억이 없다.

— 『향맥』 제14집, 2001

기발한 착상과 언변으로 웃음판을 만드는 외삼촌이었다는 점에서 그의 인간관계가 무척 원만하게 이루어져 왔음을 알 수 있다.

>쥘상치 두손 벋쳐
>한입에 우겨 넣다
>
>희뜩
>눈이 팔려 우긴 채 내다보니
>
>흩는 꽃 쫓이던 나비
>울 너머로 가더라.
>
>— 「상치 쌈」 전문

>세상에
>나를 못 잊어 하는 사람은 없다
>한 사람도 없다
>그러나 내게는
>잊을 수 없는 한 사람이 있다

그의 얼굴을 본 적도 없고
그의 말소리를 들은 적도 없는
이름도 조차 모르는 한 사람이……

― 「나의 사람」 전문

  우리 특유의 쌈을 '한입'과 '희뜩' 거리는 '눈'과 '나비'의 '울 너머'라는 조화를 이룬 상추쌈에 대한 발상의 묘미가 기발하다. 조운은 모든 사람과의 교우관계는 물론 인간관계와 함께 일상을 긍정적이고 솔직한 삶의 언저리에서 살아왔음을 알 수 있다. 그를 아는 많은 사람들은 기지와 재치가 넘치는 말솜씨와 숨김없는 행동과 가족사에 대한 진솔한 대응 등에 놀라워할 때가 많았다고 한다.

  그러면 조운의 측근들을 통해 그들이 들었거나 알고 있는 조운의 재기 있는 언어와 행동의 일면들을 들어 보자. 그의 판단과 재치와 유머러스한 언사가 얼마나 감각적이며, 또한 그가 지녔던 인간적인 인품이 어떠했나를 알 수 있다.

  서단(徐檀)(영광군 번영회장)

  생가의 초가지붕의 이엉을 바꿀 때였다. 이엉을 바꾸는 일은 가을걷이가 끝나고 하는 것이 원칙이지만 조운이 목포상고에 다니기 때문에 겨울방학 때를 기다려 이엉을 바꾸는 작업을 한다. 기술자가 와서 일을 하는데 조운이 잠깐 나갔다 오는데 기술자가 어머니를 부르는 소리가 "월매, 월매" 하고 어머니의 과거 기생 이름을 부르는지라 조운이 이를 듣고 기술자에게 가까이 가서 "우리 어머니 왜 부르시오. 시킬 것 있으면 우리 어머니 부르지 말고 다 큰 날 부르시오. 날. 운아, 운아, 하고 말이요." 어떻게나 태연하게 말하든지 기술자의 눈이 휘둥그레질 수밖에.

— 「시인 정설영의 조운 문학 길라잡이」, 『영광신문』, 2004. 4. 23

정종(鄭瑽)(철학자, 동국대 명예교수)

(1) 친구들과 어디를 가다가 운 씨가 떨어져 버렸다. 한참 있다가 오는데 "자네, 왜 그리 늦게 왔냐?" 하니까 운 씨 왈 "어떤 놈이 날 더러 첩아들 간다."고 하지 않나. 친구들이 "그래서 어떻게 했냐?"라고 물은즉 천연덕스럽게 하는 말이 "이놈들아, 나 첩 아들이다. 그래, 우리 어머니는 말이야, 기생이 되어서 날마다 꼬쟁이도 깨끗이 입어. 너들 엄마는 목욕도 제대로 안 해서 너희는 더러운 속에서 나왔지만 나는 깨끗한 속에서 나왔다."고 일러 주고 오느라고 늦었다는 것이었다.

(2) 어머니가 서단(번영회장)으로부터 들었다는 이야기 : 해방 전 어느 날 밤, 서단의 고종사촌이며 3·1운동에 앞장 선 투사의 한 분인 서은(徐隱)과 ML당으로 옥고를 치른 조용남(趙龍楠)과 운 씨가 밭 가운데 집(서은 씨 댁)에 모여 회식을 했다. 밥상이 들어오기가 바쁘게 조(趙) 씨가 심술궂게도 지글거리고 있는 조기찌개에다 퉤퉤하고 침을 내뱉고 "아예, 먹을 생각들 말라!"고 했다. 이 때문에 크게 놀라고 어찌할 바를 모른 분은 이 댁의 주부였는데, 이때 운 씨가 느닷없이 "침 묻은 아들 놈 음식은 먹어도 좋은 거야!" 하며, 성큼 숟가락을 가져가니 두 조씨(曺와 趙)는 동갑내기임에도 졸지에 부자간이 되고 말았다. 덕분에 안주인은 자리를 떠도 좋게 되었으며, 두 사람은 조운의 임기응변에 혀를 차며 웃어댔다.

— 「기정 조운의 시조세계와 그 인간」, 동남풍, 1995

(3) 어느 해 어느 날에 영광에 사는 조씨(曺氏) 문중의 종친회가 거무산에서 열렸다. 기타 사항으로 들어가 질문이 있으면 말하라는 사회자를 향해, 운 씨가 거수 기립하더니 "우리 같은 서출의 경우는 어떻게 하면

됩니까?"라고 또렷한 어조로 아무렇지 않게 묻고 나오니, 장내가 갑자기 숙연해지면서 군데군데서 놀랐다는 감탄사가 튀어나왔다고 한다. 이 이야기를 내가 직접 종제 태능(泰能)으로부터 들었는데 그의 부친 곧 나의 백부님이 이 광경을 방청하고 나서 "주현이란 놈! 똑똑하더라."라고 하셨더란다.

— 「기정 조운의 시조세계와 그 인간」, 동남풍, 1995

위증(생질)

(1) 우리 외할머니가 저녁 늦게 돌아온 외삼촌에게 손자 몰래 감추어 둔 찐 고구마를 내놓았다. 외삼촌은 내 동갑내기 아들 셋째 명재에게 덥석 한 개를 쥐여 주었다. 그때 외할머니가 손주 놈의 손등을 탁 치며 "애비도 좀 먹자." 하시면서 고구마를 뺏어 놓았다. 그러자 외삼촌 왈 "엄니, 엄니가 아들 생각하시는 것이나 내가 아들 생각하는 것이나 매일반이지라우." 하면서 그 고구마를 명재 놈에게 다시 쥐여 주었다. 이래서 또 뱃살을 거머쥐었다.

— 『향맥』 제14집, 2001

(2) 외삼촌은 특히 우리 어머니를 놀려대곤 했다. 창평으로 시집을 갔대서 '창평누님'이라 불렀는데 어려서 우리 어머니는 마마를 앓으셨기 때문에 살짝 곰보셨다. 그래서 외삼촌은 이를 두고 노래를 지어 불렀다. "차앙평 누우님은 곰보오딱지 / 그래도 나만 보면 싱그을 벙글"이라는 노랫말이다. 어렸을 때부터 어머니와 외삼촌은 가장 많이 다투었고 또 가장 죽이 맞았다고 한다. 서로 붙은 터울이었기 때문이다. 1남 6녀 중 어머니가 터를 팔아 외삼촌을 보았다는데 두 분이 다 발끈하는 성미이면서도 가족 모임에서나 매사에 분위기를 이루는 데 있어서는 서로 불가분의 상대역이었다.

— 「내 외삼촌 이야기」, 『영광신문』, 2000. 7. 3

위의 증언들을 토대로 하여 볼 때 조운의 재치와 기지가 예사롭지 않았음을 알 수 있다. 어떠한 일에 대한 결단과 머리 회전이 보통 사람보다 훨씬 빠르고 정확하여 일에 대한 판단과 대응하는 순발력이 뛰어났을 것이다. 조운에게는 그러한 기본적인 요소가 평소 그의 독서력과 사물에 대한 단판을 내는 데 익숙하기 때문이다. 어머니가 기생이라는 것을 구태여 숨기지 않고 솔직하게 대응하고 재치로 넘겨 버리는 담력은 그가 정신적으로 무척 조숙하고 완숙한 경지에 이르렀음을 보여 준다.

여러 가지 사소한 개인사나 가정생활에서 나타난 재치와 기지 못지않게 영광에서의 사회적 활동에서도 중요하고 어려운 문제를 쉽게 해결할 수 있는 기지를 능숙하게 발휘한 경우도 허다하였다. 영광문화원장 조남식은 해방공간에 있었던 한 편의 이야기를 들려준다.

> 대선배로 작고한 정락삼 씨의 부친이 일제 때 도평의원으로 현재 영광읍 백학리 남도땅 찻집 자리에 양조장을 경영하였는데 친일파라고 8·15 해방이 되자 제일 먼저 군중들이 벌떼처럼 달려들었다. 이들이 방화와 파괴로 가옥과 양조장을 없애 버리려는 찰나 명재 아버지(조운)가 달려와서 "친일파도 다 같은 민족이요. 조선 건국을 준비하는 입장에서 우리 민족은 단결해야 합니다. 영광 땅에서 살았던 일본 사람의 가옥과 재산도 이젠 우리의 재산인 만큼 방화 파괴해서는 안 되며 일본 사람을 해치지 말고 친절하게 일본으로 보냅시다."라고 호소하셨던 그분의 모습은 오늘의 입장에서 평가할 때 분명 민족주의자로서의 행동이었다.
>
> —『영광문화(옥당문화)』제14호, 영광문화원, 2001. 2

당시의 어려운 상황에서 그 같은 기지를 발휘할 수 있었다는 것은 그가 대단한 용기와 패기를 지녔음을 증명한다.

  조운의 재치와 감각은 그의 시조 작품에도 그대로 드러난다. 어떠한 사물이나 자연환경을 대하더라도 이를 자신의 내면으로 끌어들이는 완숙미가 작품의 요소요소에 알알이 배어 있다. 자연이나 꽃은 물론이고 어떠한 대상, 심지어는 사람까지도 그의 심중으로 끌려 들어와서 하나의 다른 형태의 작품으로 만들어지는 것이다.

  그가 남긴 작품이 백 수 미만에 불과하지만 훌륭한 평가를 받고 있으며, 월북이라는 멍에를 안은 데다가 오랫동안 잊혔던 시조시인이 아직도 많은 사람에게 회자될 수 있다는 것은 그의 시적 역량이 절대 예사롭지 않기 때문이라고 하겠다. 조운은 어쩌면 시조라는 거대한 배에 몸을 실은 엄격한 선장이었는지 모른다.

영광 3·1운동과 조운

　조운이 영광 땅에서 살아온 세월은 당시의 젊은이들에게 울분과 분노가 노도처럼 밀려오는 절망의 시대였다. 인생의 황금기인 20세의 왕성한 청춘 시절, 민족성에 대한 감정을 서서히 인식하던 젊은이들에게 식민지하의 백성이라는 것은 참을 수 없는 수치였다.
　전국적으로 일어난 기미독립운동은 식을 줄 모르고 불같은 기세로 계속 번져갔다. 영광에서도 우국 인사들과 학생들 농민들이 가세하여 총궐기하였다. 영광의 3·1운동은 해인 위계후(海人 魏啓厚)와 고경진(高暻鎭)을 중심으로 이루어졌다. 위계후는 어린 시절부터 교분이 있던 송진우에게 연락하여, 서울에서 유학 중인 조철현(曺喆鉉)으로 하여금 독립선언서를 영광으로 가지고 내려오게 했다.
　그리고 나서 함께 귀향한 유학생과 청년회장 정인영, 농민회장 김은환, 보통학교 훈도 박태엽, 이병영 등과 회합을 하여 거사를 의

논했다.

향토사 연구가 이기태의 「개화기의 영광문학」(『향맥』 제6호, 1993)에서 다음과 같이 증언하고 있다.

> 그때에 영광에서는 문학애국 청년을 중심으로 1919년 기미만세사건을 주도, 전남에서는 제일 먼저 3월에 대규모 시위를 하게 되는데 배경은 이렇다. 조운의 매형 위계후 선생이 고하 송진우, 인촌 김성수 등과는 담양 청평학숙의 동숙생인 데다 특히 고하와는 진외척 간으로 모두 지기지우의 처지였다. 영광의 만세사건이 유독 규모가 크고 빨랐던 것도 당시 고하와 긴밀한 연락을 취하고 있었기 때문으로 볼 수 있다.라고 되어 있다.

이 글에서 증언하듯 좁은 영광 땅의 인물들은 서로가 가까운 지기 사이로 의사소통이 밀접하게 유지되는 관계였음을 입증하고 있다.

영광군에서 발행한 『옥당골의 전통문화』(1983, 132쪽)의 「3·1운동과 영광」 항목에는 다음과 같이 기록되어 있다.

> 3월 10일 영광보통학교 생도 300여 명이 박태엽, 이병영 두 선생과 함께 선두에 서서 태극기를 흔들며 거리로 쏟아져 나와 '대한독립만세'를 외치며 시가를 행진하다가 일본군 헌병과 경찰에 의해 강제 해산당하고 두 선생은 검거된다. 두 선생의 검거에 격분한 보통학교 생도와 졸업생 500여 명이 3월 14일 정오를 기해 '선생님을 석방하라'는 구호와 독립만세를 외치며 경찰서 앞까지 시위를 하다가 주모자 정헌모 학생 외 10여 명이 검거되고 부상자가 발생한다. 한편 거국적으로 대대적인 거사를 준비한 청년회와 농민회는 거사일을 3월 15일 오후 1시로 결정하고 각 면에 격문을 띄우는가 하면 태극기 3,000여 매를 밤을 새워가며 제작을 하

고 시간을 기다렸다. 3월 15일 오후 1시 박정환의 직물공장은 각 면에서 온 농민회 청년회 회원들과 보통학교 생도와 졸업생들까지 모여 입추의 여지가 없었다. 1,500여 명의 군중이 감격과 흥분 속에서 엄숙하게 독립 선언식을 거행하고 김은환의 선창으로 '대한독립만세'를 삼창하고 시위에 들어갔다. 시위 군중은 남천리와 도동리를 거쳐 무령리 경찰서 앞으로 몰려가고 정인영과 박정순은 인력거를 타고 군중을 격려하고 지휘했다. 시위 군중은 몰려온 왜군과 경찰과 맞서 대치하다 경찰서로 진입하는 군중을 향하여 발포함으로 많은 부상자를 내고 20여 명이 검거되기도 했다.

이 기록에서 영광보통학교 생도와 청년회와 농민회의 활동이 격렬했음을 알 수 있다. 청년회와 농민회에 조주현(조운)이 핵심 회원으로 활동한 3월 14일에는 500여 명, 3월 15일에는 1,500여 명이 거사에 참가하였다.

그 외 영광의 기미독립운동은 1919년 3월 14일·15일·26일·27일에 일어난 것으로 국사편찬위원회에서 발간한 『한국독립운동사』 2권(1966. 12. 23)에 다음과 같이 기록되어 있다.

전라남도-조선총독부. 대정(大正) 8년 소요 사건에 관한 복명서

전라남도는 3월 3일 목포, 구례, 순천, 여수, 광양에서 3월 4일에 목포에서 선언서가 일반에게 배부되고 그 후 곧 전 도내 각지에 전파되어 운동 기운이 휩쓸렸고 3월 10일에 광주숭일학교, 수피아(須彼亞)여학교, 광주농업학교 학생과 일반 군중이 만세 시위를 벌려 운동이 본격화하였다. 그 후 전개된 도내시위운동은 그 중요 운동지만 들더라도 영광(3월 14일, 동 15일, 동 27일) 담양(3월 18일) 법성포(4월 1일) …(중략)… 등지

를 들 수 있고 일제 측 기록에 의한 운동 주동자의 수만 3,685명에 이르고 있다.(312쪽)

기미 3월 17일 금일 시장에서 호만세(呼萬歲)

함평, 영광, 광양군. 함평군에서는 4월 8일과 4월 12일에 각기 월야면과 읍내에서 당지 서당학생 및 보통학교학생이 중심이 되어 시위가 있었다. 다음 영광에서는 읍내에서 3월 12일과 14일의 양일간 보통학교 학생이 주동이 되어 시위를 벌였는바 14일에는 일반이 500명 이상 이에 가담하였다.(317쪽)

이렇듯 영광의 독립운동은 격렬하게 일어났으며, 당시 고종의 인산(因山)에 참여하고자 상경하였던 지역 인사들이 귀향하면서 운동이 확산되었고, 고향으로 내려온 서울 유학생들로 인해 더욱 가열된다.

조운 역시 이 지방 유지들과 함께 적극적으로 독립운동을 주도한다. 조운의 운동 기록은 전라남도사편찬위원회에서 간행한 『전라남도사』(1956. 8. 15) 837쪽에서 다음과 같은 기록을 찾을 수 있다.

영광독립운동

기미년 3월 26일에 조희태(曺喜兌) 소년을 선두로 독립운동 시위 행렬이 움직이다가 왜경과 충돌되어 다수 부상자를 내고 최선을 다하지 못하였으나 광주에 다음 가는 큰 운동이었고 지도 인물로 김은환(金溵煥), 정인영(鄭仁瑛), 위계후(魏啓厚), 조용(趙龍), 정진삼(鄭軫三), 조운(曺雲), 조희충(曺喜忠), 서은(徐隱), 유일(柳一) 등이었고 조희열 외 다수가 체포되었으나 정확한 기록을 얻지 못하였다.

조운이 1919년 3·1 독립운동에 참가한 기록이다. 영광군에서 간행한 『영광군지』(1998. 7)에는 『전라남도사』의 구체적 기록은 누락된 것 같으나 조운의 바로 위의 두 형님 조철현(曺喆鉉)과 조병현(曺炳鉉)의 운동 기록과 재판 기록이 나타난다.

만주 도피

영광에서는 3월 14일과 15일 양일간 대대적인 독립운동이 일어나고 26일과 27일에도 더욱 거세게 독립운동이 가열되자 조운은 일경의 추적을 피해 영광을 떠난다. 『영광군지』 상권(1994) 267쪽의 노준(魯駿)에 대한 심문조서에서 "고경진, 위계후, 조주현(조운), 김형모 등이 모두 해외로 나가기 위해 서울에 와 있다는 것을 들었다."라는 기록과 위계후의 증인조서 중 "시위운동에 참가한 혐의로 쫓겨 정처 없이 방랑하던 끝에 국경 밖으로 탈출하여 자유의 몸이 되고자 생각하고 있던 차 …(중략)… 그 무렵 나의 처남 조주현(조운)도 유경근의 소개로 신의주로 가기로 하였으나 전일과 같이 경계가 엄중하였다."라는 심문 기록이 나타나 있다.

3월 15일 거사 이후 왜경이 경계를 엄중히 하면서 독립만세운동에 참여한 애국지사들을 색출하여 검거하게 되자 조주현(조운), 유선기,

김형모 등은 일시적으로 몸을 피하여 만주 등지로 떠나 버린 것이다.

향리에서 일경의 추적과 심한 검문에 안주하고 있을 곳이 없었기 때문이었다. 그 당시 대부분의 독립운동 가담자들이 만주로 피할 수밖에 없는 사정은 조운으로 하여금 심한 인간적 고뇌에 빠지게 하였으리라. 이런 정황으로 볼 때 조운의 독립운동 참여는 국민적 숙원인 독립을 이루려는 염원과 국가의 존망을 보고만 있을 수 없는 민족 감정이 발로된 행동이었다.

이러한 시대적 상황에서 만주로 몸을 피한 조운은 그의 운명을 가름하는 서해 최학송(曙海 崔鶴松)과 만나게 된다. 패기 넘치던 20세의 재기 발랄한 젊은이가 독립운동이 좌절되고 일경의 추적에 쫓기는 처지에서 갖게 된 최학송과의 만남은 문학 활동의 중요한 변화를 가져다준다. 문학이라는 욕망과 조국의 험난한 운명에 대한 고뇌 속에서 만난 두 사람은 서로 가까워지고 의기가 투합 된다. 또 이때의 조우로 인하여 서해는 나중에 조운의 매부가 된다.

서해의 도움으로 문예지 『조선문단』에 관여하게 된 조운은 이 잡지에 많은 양의 시조 작품을 발표한다. 그 후 조운과 서해는 함께 만주와 시베리아로 방황의 길을 떠나고 금강산과 황해도, 해주, 개성 등지를 답사도 하며 고뇌를 서로 나눈다. 서해와 함께 만주와 시베리아 금강산 등을 주유하면서 그가 겪은 일종의 방황은 견문을 넓히는 계기가 될 수 있었고 문학에 대한 강한 집념을 놓을 수 없던 그에게 더욱 문학적 향수에 더욱 젖어들게 하였다.

영광학원 교사 시절의 문학운동

긴 시간의 방황을 접은 조운은 21세에 귀향하여 23세에 중등 과정인 사립 영광학원 국어교사로 취임하게 된다. 이 영광학원은 조운의 손위 매부인 위계후(魏啓厚)를 중심으로 영광의 지도자들이 설립한 학교로서 이 고장의 민족의식 고취와 계몽운동의 거점이었다. 또한 5년제 영광중학교 설립 추진 및 전국적인 대일 교육항쟁으로 발전했던 영광 교육운동의 모체가 된 학교이다. 일제 식민지라는 시대적 아픔이 분출하는 욕구를 억제하기 어려웠던 데다 무언가 성취하고픈 욕구에 넘치던 젊은 혈기의 조운에게는 하나의 기회였다. 특히 시대적으로 조국의 장래가 걱정되는 일제 식민지라는 사실이 분출하는 욕구를 억제하기 어려운 시절이었다. 조운은 여기에서 새로운 모색의 길을 찾게 된다.

1919년의 3·1운동의 좌절로 말미암아 황폐화된 영광 땅의 고통은 말로 표현할 수 없을 정도였다. 영광의 기질을 살리자. 외세의 부당한 억압에서 저항하여온 고장의 전통성을 살리자. 그리고 옥당골 영광의 높은 문화적 맥박을 더 높이자. 정신적 용솟음이 조운의 온몸을 감싸며 뜨겁게 다가왔을 터였다. 일제 치하의 식민지에서 벗어날 수 있는 길을 모색하고 이에 대응하여 영광 사람들에게 어떤 자긍심과 긍지를 살리고 문화적 계몽의 타당성을 인식할 수 있는 방법을 강구하게 된다. 만주에서 교우를 돈독히 한 서해 최학송과의 만남에서 문학 정신과 우리 전통문화에 대한 관심이 더욱 굳어진 조운은 영광문화 발전에 대한 여러 방안을 탐색하고 실천 방법을 찾게 된다. 조운은 이미 1921년에 『동아일보』에 시 「불살너주오」를 발표한 바 있다.

여보 당신이 주는
비단옷과
인절미에 꿀을
나는 질기지 안소

저, 저 소리를 들으시오
이를 물으는 저 흑(黑)의 신(神)이 나를
저주(咀呪)합니다
나의 영(靈)과 육(肉)을

나를 버리지도 달래지도
마러주오
나는 저물은 나라!
애인(愛人)의 품에 안기고 말겠소
황혼(黃昏)이 되기 전(前)에 나를 놓아주오

아니 놓을테면
나 영(靈)만이라도 가겠소
나의 육(肉)을
불살너주오.

— 「불살너주오」 전문

이것은 한 편의 절규이다. 서해와 함께 만주 등지를 방랑하다 귀향한 후 첫 번째 작품이다. 당시 조운의 심경을 단정적으로 나타내고 있다. 만주에서의 귀향길에 이 시를 읊으며 영과 육이 교차하는 아픔을 느꼈을 것이고 그 아픔을 감싸 안을 수 있는 애인의 품으로 돌아가고 싶은 간절한 소망에 몰두한다. 사랑하는 애인에게 호소하는 듯한 이 작품은 결국 그 애인의 안위가 바로 조국을 은유하고 있다.

영광학원은 그러한 의미에서 후학들에 대한 교육을 통해 묵시적인 대일 항쟁의 기틀을 만들 수 있는 유일한 장소였다. 이 영광학원에 후일 소설가로 명성을 얻는 박화성과 같이 근무하게 된다. 박화성은 「남기고 싶은 이야기들」(『중앙일보』, 1977)에서 이렇게 당시의 상황을 이렇게 회상한다.

> 나는 언제나 내 문학의 산실이었던 영광읍 교촌리에 있는 향교의 건물들을 눈앞에 그려보곤 한다. 위채는 영광중학원의 교사로 사용했는데 뜰에는 7백 년(당시)이 넘는다는 큰 은행나무가 좌우에 마주 서 있었고, 아래채는 공자님의 사당으로 역시 그 뜰에 몇백 년이 된다는 큰 비자나무 두 그루와 한 그루의 은행나무가 있어서 그 멋들어진 주위 환경과 신

선하고 아늑한 그 분위기 속에서 나의 교편생활(1922~1925년)은 즐겁기만 하였다.

영광학원은 1922년에 군내와 읍내의 유지들이 사재를 털어 설립된 학원으로 영광의 향교를 교사(校舍)로 사용하였는데, 창립자들의 오랜 경륜과 높은 포부로 발족한 만큼 원장을 비롯한 대부분 유지들의 열의가 대단하였다.

교사로 초빙된 연희전문, 숭실전문, 수원고농 졸업생들과 심상 과목과 일어 과목 그리고 창가까지 맡은 박화성, 전 학년의 국어와 국사, 미술을 담당한 조운 등 교사들은 모두 겸손하고 솔직하여 교무실은 언제나 화기가 가득했다고 한다. 초대 교장은 조병모(曺秉模)였고, 2대 교장은 조운의 매부 위계후가 맡았다.

영광학원에 모인 교사들은 대부분 문학에 뜻을 둔 사람들이 많았다. 특히 영광 출신 교사들은 시와 시조에 조예가 깊고, 거의가 20대에서 30대에 이르는 나이들인지라 의기가 투합하고 모든 일이 순조롭게 이루어졌다. 조운은 몇몇 교사와 의논하여 향토문예지를 발간할 것을 제의하고 박화성, 김형모 등과 함께 『자유예원(自由藝園)』이라는 이름으로 향토문예지를 발간한다. 이러한 일은 특히 말살되고 파묻혀 버린 민족정신의 고취를 위해서는 절대적이라 여겼으며 영광의 문화 향상을 위하는 지름길이라 생각한 것이다.

『자유예원』은 매주 월요일과 금요일마다 자작시나 시조, 산문, 단평 등을 발표하는 모임을 개최했는데, 그 모임에 참가하는 사람들은 교원이나 학생은 물론 군내·읍내 유지 등 누구나 자유롭게 작품을 써서 참가할 수 있었다. 당시 학생들 중에는 애아버지들이 수두룩했고 중등과 학생은 수염이 거뭇한 청년들이 끼어 있어 분위기가 퍽 재미있었다. 모인 작품들은 등사판으로 등사하여 향토문예지로 만들어 발간함으로써 많은 동호인들과 인근 문학 애호가들의 환영을 받았다. 이러한 일은 『동아일보』에 보도됨으로써 경향 각지에 알려져 향토문화 보급의 길잡이가 되기도 하였다.

영광의 문학열은 차츰 높아가고 열성적인 참여자들도 늘어났다. 박화성은 "영광의 문학열은 대단하여 금시에 많은 글이 모였는데 원고지를 이용한 사람은 썩 드물고 공책이나 인찰지나 두루마리 장지나 하다못해 편전지 같은 종이에라도 정성껏 쓴 것들을 내놓았다."(『중앙일보』, 1977. 12. 8)고 회상했다.

조운은 모인 원고를 학생들과 함께 큰 문짝들에 압정으로 박아 주르르 세워 놓고 서로 읽으면서 이야기를 풀어가는 발표 방법을 활용했다. 몇몇 학생들과 함께 글의 장단을 헤아려 칸 수를 맞추어서 다시 떼어낼 수 있게 하기 위해서 풀을 이용하지 않고 압정을 사용하여 한 장 한 장씩 붙이는 일을 매주 조운 혼자서 다 해내곤 했다. 원고를 제출한 사람이나 문학 동호인들이 먼 곳에서 찾아와 이렇게 문짝에 붙여 놓은 작품을 열심히 읽는 진풍경이 매주 벌어졌다. 이 중에서 장원으로 뽑힌 작품은 조운의 주선으로 서울에서 발행되는 잡지인 『개벽(開闢)』『부인(婦人)』 등의 월간지에 보내져서 활자화되는 영광을 누리기도 했다. 무명이었던 박화성도 이때 장원으로 뽑힌 작품이 조운의 주선으로 『부인』에 게재되는 행운을 얻게 된다.

　이러한 『자유예원』 운동은 지방 문예부흥운동의 선구이며 효시로서 영광의 문예부흥을 가져왔으며, 영광이 예향(藝鄕)으로 발전하는 큰 전기를 마련한다. 이에는 조운의 노력뿐 아니라 박화성을 비롯한 향토 문학 동호인들의 절대적 호응과 영광학원을 끌어가는 지도급 유지들의 한결같은 협조의 힘이 컸다.

추인회(秋蚓會) 창립

　조운은 향토문예지 『자유예원』의 활발한 발간과 함께 새로운 민족 사상의 규합을 위한 운동의 하나로 시조 보급을 목적으로 새로운 일을 모색하게 된다. 그것이 시조동호회인 '추인회(秋蚓會)'의 발족이다. 추인회는 1922년 10월에 창립한 단체로서 회원 30여 명으로 구성되어 월 1회 창작시조를 발표하고 등사판으로 시조집을 발간하는 등 활동이 활발하였다.

　영광군에서 발간한 『옥당골의 전통문화』(1983)에는 추인회의 활동과 그 운영 관련 사항을 다음과 같이 구체적으로 밝히고 있다.

　　'추인회'는 3·1운동 이후 독립운동이 지하운동으로 그 양상과 방법이 바뀌어, 민족의 백년지대계를 위해 문맹 퇴치, 물산 장려, 왜화 배척 운동이 전개되자 전국 각지에서는 청년회관과 학관이 건립되고 야학, 강연 등 계몽 운동이 치열하던 무렵인 1922년 10월에 창립한 단체로서, 주된 목적은 민족사상의 고취와 문맹 퇴치의 일환으로 한글 보급에 주력하고 조상 전래의 시조 창법을 보급시킴으로써 숭고한 민족의 얼을 되새겨 주는 데 있었다.

당시 왜경들은 사상 감시와 집회의 감시에 혈안이 되어 있던 때라 겉으로는 시조만 읊는 한인한상(閑人閑想)의 교우라 인식시키며 안으로는 민족정신의 함양과 민족단합을 열심히 전개해 나갔다.

당시의 추인회는 30여 명의 회원으로 구성되어 있었는데 시조창은 신명희가 주동이 되고 문예 활동은 조주현(조운)이 주관했는데 여기서 한국 최초로 신재효(申在孝)의 여섯 바탕 판소리 소개와 법성 12경을 『개벽』에 발표하였으며, 에스페란토의 보급을 위해 서울에서 신봉조(申鳳祚), 최경식(崔京植) 선생을 초빙하여 강습회를 갖는가 하면, 회원들은 각자의 창작시조를 매월 1회씩 의무적으로 발표해야 했다.

추인회에서 보급한 시조론을 보면 퍽 이채롭다. 시조에는 경째(京制)와 영째(嶺制), 완째(完制)가 있으며 장단은 3·5박 장단법을 활용하고 있다. 스스로 규례(規例)를 만들어 어단성장(魚短聲長)하며 장단(長短)에 맞고 강약(强弱)을 겸하여 청탁(淸濁)에 유의하며 상성(上聲)·중성(中聲)·하성(下聲) 즉 으·아·이 음을 조화시켜 부르면 된다고 하여 이를 적극적으로 보급하고 실행하였다.

이들은 매월 1회씩 의무적으로 창작시조를 발표하게 하고 등사판으로 소품집을 2회에 걸쳐 발행하는 등 활발하게 활동했다고 한다. 조운의 주도로 이 회를 운영하면서 "자수적(字數的) 시는 아무리 훌륭하여도 신시로서의 명작은 될지언정 시조라고 할 수는 없다."라는 그들대로의 시조에 대한 정의를 만들어 놓고 작시를 하였다. 특히 가람 이병기를 초청하여 시조에 관한 이야기를 많이 청강했다.

그러나 왜경들의 끈질긴 탄압을 견디지 못하고, 어느 초여름 조운, 이병기, 신명희, 조희충 네 사람이 마지막으로 전라북도 부안의 변상 대교목에 있는 매창(梅窓)의 고총을 성묘하고 추인회의 문을 닫을 수밖에 없었다.

추인회에 참여했던 인사들은 회장 조운을 비롯하여 총무 신명희와 회원으로 조희충, 조규현, 조륭현, 조용남, 서순채, 남궁현, 김철주, 김우길, 이대우, 허정, 조성하, 조종민, 김길성 등 15명이었다.

제5장
조운, 그리고 가람과 서해

조운의 생가

가람과 서해와 시조

　조운이 걸어온 행적을 보면 그는 천부적으로 우리 민족의 전통적 규범이나 민족 고유의 바탕에서 문화와 문물을 받아들였음을 알 수 있다. 그가 특히 시조 동호회인 추인회를 지도하면서 신재효의 판소리 여섯 마당을 발굴 복원한 것은 예사로운 일이 아니다. 그가 시조 문학에 관심을 갖기 시작한 것도 바로 이러한 전통적인 우리의 가락이고 민족정신을 기리는 우리 문학에 대한 관심의 길이라고 생각했기 때문이다.

　추인회에서 널리 보급시키려 한 조운의 시조론이 있다.

　시조에는 본래 경째(京制), 영째(嶺制), 완째(完制)가 있고, 장단은 3·5박(拍=點)으로 되어 있다고 설명하고 있어 규례(規例)와 장단법이 당시에 성행하였음을 알 수 있다. 소리 내는 장단법이 매우 체계적이고 전통 가락의 규범을 지키고 있어 오늘날 창과 판소리와 시조창의 규범이 된 듯하다.

그 규례를 보면, 시부합음(詩賦合音)·기승전락(起承轉落)·어단성장(語短聲長)·희로애락(喜怒哀樂)·고저재성(高低在聲)·청탁재어(清濁在語)·어당분명(語當分明)·성수강유(聲須强柔)·어유완촉(語有緩促)·성가문정(聲可聞靜)·청래양래(淸來揚來)·투거동거(投去桐去)·어물박외(語勿拍外)·성물실본(聲勿失本)·초종종장(初中終章)·사십구점(四十九點)·추상한박(推上限拍)·삼궁사각(三宮四角)·천자상지(天字上之)·지자하지(地字下之)·장의장지(長義長之)·단의단지(短義短之)·선능묘서(善能妙序)·득묘명창(得妙名唱)이라고 규정하고 있는데 어단성장하며, 장단에 맞고 강약을 겸하여 청탁에 유의하며, 상성·중성·하성 즉 으·아·이 음을 조화시켜 부르는 것으로 창법의 원리를 만들어 냈다.

그의 시조는 '조선적(朝鮮的)'인 것에 관심을 두었다. 조선적이라 하면 바로 우리 민족 정서를 일컫는 말이 된다. 조운이 쓴 몇 편 되지 않는 산문에서 그의 사상을 입증할 수 있는 평문은 「병인년의 시조」(『조선문학』, 1927. 2)이다. 이 글에서는 병인년의 시조평뿐만 아니라 그의 평소 신념과 정신을 읽을 수 있다.

> 또 한 해 병인을 보내게 되는구나. 실로 병인은 우리 문화사상에 가장 인연이 깊은 연호니 8백 4십 년 전 고려 선종 3년의 대장경 속수(續修) 간행과 4백 8십 년 전 한양조 세종 29년의 훈민정음 반포와 최근 6십 년 전 숨은 군자의 나라가 세계의 새 공기를 마시게 된 병인양요 등 이 위대한 사실은 오족(吾族)으로 더불어 천고에 잊지 못할 바이다. 옛날의 병인이 그러했고 금년의 병인은 어찌 되었나. 정치적·사회적·학술적으로 얼마나 큰 발견과 사업과 사실이 있었는지는 모르나, 남의 본만 뜨고 남

의 흉내만 내던 우리가 버렸던 자기를 도로 찾으며 자기 자신을 성찰하고 자기 정신을 수습하며 자기 그릇을 먼저 검토해야 할 간절한 무엇을 느끼게 되어 이제부터는 모든 것에 조선심(朝鮮心)·조선혼(朝鮮魂)·조선적이 따라다니게 되었다. 실로 올해의 병인년의 보람은 이 '조선적'에 있다고 생각하나니 결코 이것이 하찮은 것이 아니다.

이 얼마나 조운의 심경을 잘 알 수 있는 표현인가. 대장경 간행과 훈민정음 반포와 병인양요의 세 가지 일은 우리나라의 국운과 관련이 있는 대사건이다.

대장경은 240여 년의 국사 끝에 완성한 팔만대장경으로 고려 현종 때 시작하여 중간에 고려 문종 때 대각국사와 의천에 의해 속간되어 고종 때에 완성하였다. 특히 고종은 강화도에 몽진생활(蒙塵生活)을 하면서 국민정신의 단합과 국난을 퇴치하고자 하는 일념에 부풀어 있었다. 훈민정음 역시 세종 25년(1443)에 우리의 나라말을 만들어 민족적 자존과 국가적 존엄을 내세운 정신의 모체가 된 것이 아닌가.

병인양요는 고종 3년(1866)에 프랑스 함대가 인천과 서울 근처로 쳐들어온 사건으로 어려운 여건에서 백성이 총 단합하여 마침내 강화 정족산성에서 적군을 격퇴하여 최후의 승리를 거둔 민족사의 쾌거였다.

조운은 병인년 시조문단을 평하면서 무엇 때문에 이러한 민족의 거사를 거론하였을까. 아마도 일제의 식민지의 참혹한 상태에서 시조시단을 논하기보다 바로 이러한 역사적 사실을 더욱 알리고 싶었고 민족정신을 심어 주고 싶은 강렬한 소망 때문이었을 것이다.

조운의 「병인년의 시조」에서는 이러한 민족정신의 함양뿐만 아니라 당시의 시와 시단을 명확하고 논리적으로 비평하고 있음을 볼 수 있다. 이광수, 이은상, 권구현, 고성, 박홍철, 노양수 등의 작품에 대한 평가를 하면서 민족정신과 사회주의적 정신에서부터 시조의 기법과 발상에 이르기까지 다양한 면이 논급되어 있다. 조운의 시조에 대한 애정은 이러한 민족적 자각과 각성을 토대로 하여 창작 활동과 시조운동에 참여했음을 알 수 있고, 사회 계몽운동도 이러한 맥락과 상통한다.

가람 이병기와 끈끈한 교유

조운과 가람과의 관계는 가람의 기록에서 찾을 수 있다. 가람은 조운과의 교우는 물론 왕래가 잦았음을 일기로 남기면서 영광의 추인회 모임에도 조운의 초청을 받아 시조 창작도 지도하고 영광 인근의 명승지도 관람하였음을 기술하고 있다. 가람 이병기의 『가람문선』(신구문화사, 1966)에서 조운과의 관련 부문을 발췌하면 다음과 같다.

1927년 7월 27일 / 음식들을 잘해 먹을 줄 아는 곳이다. 의복도 사치하다. 운인(韻人)과 율객(律客)이 많다. 자래(自來)로 영광은 부읍(富邑)이다. 조희경(曺喜暻) 이하 수삼백 석 이상짜리가 수십 가 된다. 전읍(全邑) 7백여 호에 빈민도 있지마는 다른 곳에 견주면 그래도 나은 모양이다. 그리고 이 근래 일찍 열린 곳이다. 새 학식, 새 사상 가진 청년들이 많고 아직까지도 부화(浮華)한 풍기는 없이 질실 근면하다. 청년회, 노동회, 토우회, 추인회 따위가 있어 그 진행하는 방법은 서로 달라도 서로 타협적으로 평화스럽게 지낸다. 이만한 부읍이고 보면 주사화도(酒肆花道)에 율몰하는 청년이 많을 것이로되 이 영광에서는 그리 볼 수 없다. 이번 한글 강습회에도 청년 남녀 70여 명이 정성스럽게 와 들었다.

1927년 7월 30일 / 노함풍(魯咸豊) 군의 형제, 운 군의 남매 기타 청년 수십 인이 삼삼오오로 걸어선 들 지나, 불갑제(佛甲堤)에 오르다. 불갑제는 주위 수십 리나 되는 방죽, 이 근년 수리조합으로 된 것인데 조경경(曺景暻)의 글씨로 새겼는데 불갑제라는 비가 서 있고 그 밑에는 새파란 물이 넘실넘실 물결을 이루어 밀치락달치락한다.

1930년 7월 30일 / 매헌(梅軒)을 찾아보다. 조운 군의 편지를 보다 갑자기 생각이 났다.

1932년 5월 31일 / 조운 군, 최학송 군을 만나 같이 체부동 118 최 군 집으로 갔었다. 저녁을 먹었다.

1932년 6월 3일 / 최학송 군이 오다. 유는 진찰만 하고 갔다. 조와 최와 같이 담화. 석반. 조운 군이 『가곡원류』 『청구영언』 『해동가요』를 빌려 갔다.

1933년 12월 15일 / 영광. 조운 군이 『악장가사』며 『죽계지(竹溪誌)』 보내고 편지를 하였다.

1934년 10월 17일 / 조운 군의 편지가 오다. 답장, 밤에 비.

1940년 9월 17일 / 조운 군의 엽서를 보다. 조선어문학 고전 목록을 꾸미다.

1946년 10월 19일 / 조운 군이 와 놀았다.

1947년 3월 26일 / 조운 군이 왔다. 나의 저작 『인현왕후전』 『역대시조선』 『어린이 역사』를 주었다. 함께 저녁을 먹었다.

1947년 12월 28일 / 조운 군이 왔다. 김상옥, 유 군이 왔다. 남령 군이 왔다. 손도심, 이능우, 전북도 학무국서 2인, 김화진 군이 왔다. 양 조, 김, 유와 종일 시론 시화, 백주를 마시면서 하거댁(何居宅)에 가 보았다.

1951년 10월 15일 / 오늘도 종일 서적 정리, 대개는 다 있으나 『두시언해』 전 12책 중 10, 12의 2책이 없고 『여암전서(旅庵全書)』 중 1, 2, 3권이 없고 조운, 남령, 가람 3인 시조집 원고가 없다. 여산지서서 50여 명 나와 밤새도록 경계.

조운과 가람과의 왕래는 1922년 이후의 일로 짐작된다. 가람의 일기에는 1927년 이후의 행적이 기록되어 있으나 조운과의 교분은 추인회가 왕성한 활동을 한 1922년부터의 일이기 때문이다. 추인회를 계기로 가람을 초청하였고, 1927년 7월 27일의 『가람일기』에는 구체적인 행적이 기록되어 있다.

영광 사람들에 대한 소감과 그들의 살림, 청년들이 활동하는 단체의 이름도 청년회, 노동회, 토우회, 추인회 등을 열거하면서 그 진행 방법에 대한 소견도 피력하고 있다. 특히 이 당시 이러한 모임체를 "타협적으로 평화적으로" 진행하고 운영하고 있음을 기록하고 있고, 영광이 부자 마을임을 지적하면서 젊은이들이 주사화도를 즐기지 않고 함부로 행동하는 청년이 없는 마을임을 기술한다.

『가람일기』의 기록은 퍽 단순하고 단편적이지만 그 표현에서 풍겨

오는 조운과 당시 영광인들의 행동과 정신을 엿볼 수 있고, 영광 땅의 기질과 향토민들의 단합으로 친목은 물론 각종 민족적 사업과 계몽활동을 도모했다는 점을 알 수 있다. 조운도 가람을 통해서 많은 독서와 시론과 담화를 하면서 시조의 격식에 익숙해 갔고, 특히 『가곡원류』『청구영언』『해동가요』를 빌려 읽었고 『악장가사』와 조선 중종 때 주세붕(周世鵬)이 지은 『죽계지』를 읽기도 하였다. 가람 이병기는 시조시단의 선배로서 조운에게 많은 영향을 주었고, 조운의 작품세계를 극찬하였다. 『조운 시조집』(조선사, 1947)의 제자(題字)를 가람이 쓴 것으로 보아서도 가람과의 교분은 매우 두터웠고, 상당 기간 그들은 사제 간의 위치에서 왕래하고 있었음을 알 수 있다.

조운이 주축이 된 청년회, 영농회, 토우회, 추인회 등이 중심이 되어 서해 최학송과 가람 이병기를 초청, 영광의 문학도와 청년, 부녀들을 대상으로 5일간 걸쳐 읍내와 불갑사 등지를 탐승하며 한글 강습회와 시조 강좌를 개최하였다.

가람은 영광에 오면 인근 자연 경관을 많이 유람하였음을 짐작케 하는 것이 가람이 쓴 기행문 「해산유기(海山遊記)」이다. 해불암과 선운산, 변산, 부안읍, 인근 해수욕장을 다니면서 영광의 불갑사를 찾았음도 기술하고 있다.

가람은 "우리는 대웅전 앞으로 나서 이리저리 둘러보았다. 휑뎅그렁한 만세루에는 4, 5명의 젊은이가 셔츠바람으로 앉아 딸기 물들을 마시고 불이문의 백일홍과 동백나무는 여전히 붉고 푸르고 한쪽 판도방에는 한 노장이 꾸벅꾸벅 졸고 있다."라고 경내의 풍경을 묘사하고 있다. 불갑산에 피어 있는 춘란을 보면서 "연전에 조운 군이 이 산의 난초를 보내 주어 심어도 보았다."라고 적고 있으며, 해불암에 당도하여는 "마루에 올라 도동(道東)의 소개로 인사를 하고 보니 모두 영광골 사람으로 도동과는 죽마고우요 시조도인이다."라고 기록하여 영광골의 자연과 풍광과 함께 인간관계도 묘사해 놓았다. 그 이후 선운산을 돌아보기로 하고, 그가 지녔던 가방을 서울 인편으로 부치고 "의복만 싸들고 운 군, 도동과 함께 법성포 가는 자동차에 올랐다."면서 고창 선운산 길을 조운과 함께 재촉하여 용문암을 지나 '도솔천내원'에 이르러서, 가람은 이렇게 적고 있다.

> 속칭 상도솔이라는 것이다. 이 집 좌측으로 바위틈을 타고 오르면 넓적한 반석이 선인의 승로반(承露盤)같이 반공에 솟았는데 이를 만월대라고도 한다. 한편에는 소나무들이 서 있고 틈틈이 난초가 너울어져 있다. 운 군은 고 김형모 군의 결혼식을 예 와서 하고 그 부부를 꽁꽁 묶어 저 소나무에 붙잡아 맸다 하고 한 꾸부정한 소나무를 가리킨다. 그 말을 들은즉 예를 온 것이 이 고인을 추도하기 위한 것 같다. 그러나 사람은 어느 때든지 한 번 죽음을 면할 수 없다. 이런 곳에서 밀월의 단꿈을 꾸다 그만 스러져 버리는 것도 통쾌한 일이다 하고 운 군과 말을 하고 중중첩첩한 주위의 산악을 휘둘러보고는 오던 길로 내려가서 도솔암이라는 하도솔로 들었다.

가람이 조운과 상도솔에서 죽은 김형모를 그리는 장면에서는 인생의 무상함과 덧없음이 느껴진다.

그들은 다시 변산으로 가서 내소사 법당마루에서 쉬게 된다. "법당마루에 옷을 던져두고 샘물을 찾았다. 이 샘물이 줄면 비가 오고 가

물 때는 철철 넘친다고 한다. 빙수를 주어도 아니 바꿀 만하고 맑은 품으로나 맛으로도 여간 약수에 비할 것이 아니다. 신 군, 운 군과 함께 그 뒤로 올라 솔숲 속을 벗어나니 산등이다."라는 감회와 함께 매창(梅窓)에 대한 흠모의 정으로 부안을 찾는다. "자고 나니 비는 갰다. 두 조 군과 본읍에 사는 김정기 씨와 함께 나섰다. 남으로 한 삼 마장이나 논둑길로 가다 소나무밭을 지나 또 논둑길로 들어가니 공동묘지가 나선다. 예는 부안군 부녕면 봉덕리 매창뜸이라는 언덕이다. 뒤에는 봉두메산과 줄포 가는 신작로가 있고 석불산은 안산이다. 이 무덤 저 무덤 사이로 찾아가 보니 금잔디가 퍼렇게 덮인 한 무덤 앞에 화강석으로 세운 낡은 비 하나가 있고 그 전면에는 "명원이매창지묘(名媛李梅窓之墓)"라 하고"(『가람문선』(신구문화사) 인용)라는 글에서는 매창의 무덤을 찾아 후면의 비문을 보면서 시향에 젖었음을 알 수 있다.

민족혼을 되살린 시조 부흥의 전령사들

조운 역시 가람의 작품을 평한 글이 있는데 조운이 쓴 「병인년의 시조」에서 가람의 작품을 예리하게 평하고 있음을 읽을 수 있다. 그 일부를 보면 다음과 같다.

이병기 씨의 시조는 육당의 것과 같이 장중하고 난삽하지도 않고 요한 씨의 것과 같이 부드럽고 말쑥한 맛도 없다. 하나 말이 꼿꼿하고도 수수하고 텁텁한 맛이 있으니 그게 특색이라면 특색이겠다. 조격(調格)에는 빈틈이 없는 솜씨니 「제송명부유거(題宋明府幽居)」(朝文)란 역시조와 「앓으면서 어버이생각」 기타 창작 등을 볼 때 솜씨의 익숙함만은 볼 수 있는 동시에, 창작에 있어서는 속이 그리 깊지 못하고 무게가 적은 것을 느끼게 된다. 최근 『조선일보』에 수록된 「밤든 서울」을 보면 취재의 국면을 넓히기에 유의하지 않았는가 하는 생각이 든다. 『동아일보』에 연재되는 「시조란 무엇인가」는 초학자를 위하여 주는 것이 많으리라고 믿는다.

「적라산인(赤羅山人)의 춘신」(조문)은 그저 평범한 작이다. 동지 5월호에 난 「어버이 생각」이 춘신보다 나으니 그중에도 가운데 수종장이 따 끔한 맛이 좋다. 「실솔삼제(蟋蟀三題)」(위생과 화장)는 전편을 통하여 센티멘탈한 기분밖에 남는 것이 없다. 「금선이 울리 잖으면 네탓인가」한 것은 영락없이 그렇다. 『신민』에 난 잡음도 잡음에 그치고 말았다.

『신민』 12월호에 씨의 시조가 있는 모양인데 손에 없어서 아직 못 읽 어 섭섭하다. 주제넘은 말씀 같으나 제재의 범위, 즉 관찰과 묘사의 대상 인 국면을 훨씬 넓힐 필요가 있지 않을까 한다. 씨의 작(作)은 항상 그게 좁은 것 같이 생각된다.

대단히 날카로운 표현들이 많은데, '속이 깊지 못하고 무게가 적은 것' '센티멘탈한 기분밖에 남는 거 없이' '제재의 범위' '관찰과 묘 사의 대상인 국면을 훨씬 넓힐 필요' 등의 지적을 한 이 글은 1926년 의 『조선문단』 2월호에 실린 것이니, 가람과의 교분이 이루어지고 있 는 상황에서도 매우 신랄하게 평가한 글로서는 '관찰과 묘사의 대상 인 국면을 훨씬 넓힐 필요가 있지 않을까' 한다.

조운의 작품 역시 많은 사람들의 평가의 대상이 되었다. 『조선문 단』, 1925년 3월호에 게재된 조운의 작품 「한줄의 소리나마」를 평한 안서 김억은 "이 작자에게는 좀 더 노력을 빌으면 아름다운 정서의 노래를 들을 수가 있습니다. 고요한 봄날 밤에 흘러내리는 시냇물 소 리를 어스르한 달빛 아래서 듣는 듯한 감이 있음에 따라 물소리는 너 무도 단조하고 달빛은 너무도 어스릇합니다. 좀 더 심원하고도 깊이 있는 암시와 강력이 있었으면 하는 것이 동 군의 「생의 찌겅이」와 「눈물과 비」「왜 그다지도」에 대한 희망입니다. 어찌했든지 많은 기 대가 있음을 기뻐합니다."라고 평했으며, 작품 「춘야의 곡」에 대해서는 4월호에 "암시에 가난한 시작으로 좀 더 무엇이 있었으면 합니다. 그리고「아침예배」에서는 순실한 맛은 보이나 둘째 스탄자에 나타난 것이 재미없습니다."라는 지극히 단편적인 평가를 하고 있다. 당시의 시조시단의 분위기를 읽을 수 있는 대목이다.

한춘섭은 가람과 조운의 관계를 「운, 조주현 시인론」(『시조문학』, 1977. 6)에서 "인간미 넘치는 조운과 가람의 친교는 선후배나 사제 간처럼 가까웠다. 처음에는 서신만 오가던 터였으나 같은 도시에 거하게 되면서 가정은 아내가 맡아 갔으며 그는 시가와 고시조의 이론에 손을 댄 기록이 있다."라고 가람과의 관계를 기술한다.

조창환은 「조운론」(『인문논총』 제1집, 아주대, 1990)에서 가람과 조운의 시조를 "시적 대상을 자아의 내적 체험으로 환치시키는 경지에까지 이르지는 못하고 대상 자체의 즉물성에 함몰해 버린 점은 이병기의 경우와 유사하다. 그런데 이병기의 시조가 고답적 리리시즘이라든지 우아한 고전 정서의 재현에서 일가를 이루는 점과 달리 조운의 시조는 보다 서민적이고 일상적인 세계를 드러내고 있음이 대조적이다."라고 조운 시조의 서민성에 관심을 보이고 있다.

조동일은 그의 『한국문학통사』 5권(지식산업사, 1994)에서 조운의 시조를 "파격을 멀리하고 이은상이나 이병기보다도 더욱 시조를 알뜰하게 가꾸려고 했다. 이은상처럼 감각이 예민해 말을 잘 다듬는 것을 장기로 삼는듯하지만 기교에 빠지지 않았다. 애틋한 인정을 감명 깊게 드러내려고 한 점에서는 이병기와 비슷하면서도 미묘한 느낌을 또렷하게 하는 데 남다른 장기가 있었다."라고 평가하여 기교와 주제적인 면에서 이병기와 이은상의 작품과 대비하여 보고 있다.

시조에 대한 열망과 민족적 감수성의 접목을 거침없이 시도한 조운, 그는 조선혼 즉 민족혼을 되찾아 민족적 자존을 강하게 열망하고 있었음을 알 수 있다.

조운과 가람은 그런 의미에서 민족 정서를 함께 공유하면서 끈질기게 시조를 지켜온 시조 부흥의 전령사인지도 모른다. 가람과 조운의 교감은 오늘날 현대 시조의 주축을 만들어 내고, 시조문학사에서 하나의 큰 흐름을 이루었다 할 것이다.

운명적 만남, 서해 최학송

> 서해 군 결혼식은 4월 8일 동대문 외 조선문단사에서 최남선 씨 대리 정인보 씨 주례하에 마흔 남녀 손님에 들러, 최남선, 방두환, 강세형 제씨의 축사와 20여 인의 축전과 새로운 결혼법으로 무사 거행.

이 기사는 1926년 5월호 『조선문단』의 '문사소식'란에 난 기사이다. 서해 최학송(曙海 崔鶴松)의 결혼을 알리는 문단 동정이다. 이때의 신부는 조운의 여동생 조분려(曺芬麗)였고, 조운과 서해는 처남·매부 간이 된다. 3·1 독립운동 이후 조운이 만주로 피신해 있을 무렵, 그곳에 머물고 있던 서해와 만나 절친하게 교우를 나누다 보니 처남 매부 간이 된 것이다.

3·1 독립운동은 일제의 탄압으로 독립이 성취되지는 못하였으나 민족의 자결권과 민족 공동체의 목표를 세상에 알리는 계기가 되었다. 그러나 조운으로서는 고향에 머물 수 없어 만주로 일경의 추적을

피해 망명하고 그곳에서 서해를 만나 시베리아, 황해도, 금강산, 해주 등지로 방랑길에 들어선다. 가난과 싸우던 당시의 서해는 처절하고 어려운 생활의 연속이었다. 그들의 방랑은 두 사람으로 하여금 처한 현실의 동질성에서 절실함을 느끼게 했고, 문학적 깊이를 더하는 절호의 계기가 된다.

서해는 "언듯 보기에 헤멀숙 하지만 똑똑한 함경도 양반이다. 소설 논문에 많은 희망을 가진 씨다. 다시 훌러 보면 중 같기도 한데 원체 양주 봉선사에 중노릇도 하였다. 지금은 서울 와서 있는데 속인이 아주 된 모양."이라고 1925년 2월호『조선문단』에 인물평이 실렸는데, '문사들의 이 모양 저 모양'이라는 글에서 당시의 근황과 행적을 간략하나마 알 수 있다.

문병란(文炳蘭)은「조운의 민족사상 운동과 시조」(『칠산문학』제13호, 2000. 12)에서 "1920년대 우리나라는 3·1운동 실패 후 망국 치하의 좌절과 허무주의가 퇴폐적 낭만주의로 흐르던 부르주아 문학과는 달리 프롤레타리아 민족주의적 저항문학이 이데올로기 도입과 함께 일어나기 시작하였다. 최학송은 그런 문학의 중심축에서 그리 멀지 않게 서 있었다. 염군사, 파스큘라, 카프 단계를 거쳐 가며 일제의 탄압과 검거가 있기까지『개벽』을 중심으로 그 문학은 사회주의 리얼리즘, 민족주의 리얼리즘을 표방하면서 우리 신문학의 중요한 지류를 이룬다. 장차 그 중심에 놓일 문제의 작가가 최학송이었고, 그를 만난 조운은 그의 사상과 문학 민족주의 사상에 반하여 친구, 동지가 됨은 물론 훗날 동생을 그에게 시집보내 이념 그 이상의 끈끈한 혈연적 유대를 맺는다."고 두 사람의 관계를 설명하고 있다.

한춘섭은 두 사람의 만남을 「운, 조주현 시인론」(『시조문학』, 1977. 6)에서 다음과 같이 두 사람의 만남에 대하여 기록하고 있다.

> 가난한 속에 있던 최에게 재혼의 알뜰한 기회를 오로지 자기 누이 분려와 더불어 갖도록 자기 누이를 시집보낸 그들의 관계, 조의 시적 재질을 알아차려 몸담고 있던 『조선문단』에 계속해서 작품을 발표토록 마련했던 관계, 직접적인 이해를 떠나서라도 그네 둘은 피압박민의 설움에 덧붙인 빈곤한 천민 입장에서 가까운 벗이 될 수밖에 없었던 일이다. 견디기 어려워 떠돌아 먼 이역 풍토에서 동족의 젊은이끼리 대화를 시작한 그 둘 사이엔 우정 그 이상의 동정애로 맺어졌으며 고국에 돌아와 재회한 기쁨은 평생을 함께할 친구로 될 수밖에 없는 일이다.

라고 함으로써 젊은 혈기가 왕성한 시대에 민족적 울분, 이역에서의 고독 등이 그들을 혈육 관계로 맺어 준 계기가 되었음을 말하고 있다.

불우한 문학천재 서해

    1935년 8월호 『조선문단』에 박상엽(朴祥燁)은 「서해와 그 비극적 생애」에서 조운과 서해와의 만남과 관계를 "또 한 가지 간도에서 서해의 생활 중에서 특기할 만한 사실은 그가 조운(뒤에 그의 처남)을 알게 된 것이다. 조운을 만난 것은 영고탑(寧古塔)에서였다는 소리를 들은 법하다. 조운도 당시 시국에 대한 울분과 시인적 분방한 정열을 안고 고향인 영광을 탈출하여 방랑하던 때였다. 니힐리스틱한 그들의 사상은 그들을 유일한 지기를 만들었다."라고 함으로써 간도에서 그 둘의 만남과 의기투합의 정황을 시대적 울분과 시인적 정열에 의한 사상적 결합으로 보았다.
    서해는 솔직하고 인간적이면서 인정이 많고 인정을 담뿍 안은 허식 모르는 사람이었다. 가난과 시대에 대한 울분이 그를 방랑의 생활로 뛰어들게 하였지만 그가 지니고 있던 문학적 포부와 열정은 그를 가만히 놔두지 않았다. 그리고 박상엽은 "서해는 스물다섯 살에 조운의 매제와 조선문단사에서 화촉의 전(典)을 거행하였다. 그러나 조선문단사는 재정난으로 문을 닫게 되니 서해는 이제는 정말 발을 벗고 생활전선에 뛰어나오지 않으면 아니 되었다. 이때부터 서해가 죽을 때까지 아홉 해 동안 문자 그대로 악착한 곤궁 속에서 밥을 찾아 헤매는 한 개의 삼류문사의 생활이었다. …(중략)… 서해는 붓 한 자루를 유일한 생활전선의 무기로 하고 신혼한 젊은 아내를 끌고 여관방으로 셋방으로 경성 장안이 좁다고 돌아다닌 것이다. 이러한 곤궁 중에서도 그는 창작에 열중하였다."라고 기술하고 있다. 서해의 절망적인 생활의 곤궁은 이루 말할 수 없는 것이 당시 상황이었다. 서해와 조운은 이러한 상태에서 서로의 문학과 생활과 민족을 생각하며 창작에 열정을 불살랐던 것이다.

서해는 1901년 함경북도 성진에서 태어난다. 본명은 학송이며, 서해는 필명이다. 보통학교에 다닐 무렵 그는 어려운 가난과 굶주림 속에서 살아야 했다. 홀몸이 된 어머니와 가난하게 살았기에 보통학교 5학년 밖에 다니지 못했다.

그의 학력은 더 이상 발전이 없었지만, 그 무렵 일본에 있던 춘원 이광수와 서신 교환을 하게 된다. 춘원과의 서신 교환으로 후일 서해는 작가가 되는 길을 찾게 되고 어려운 생활에 많은 도움과 조언을 춘원으로부터 얻게 된다. 17세 때는 아버지를 찾아 만주의 간도 땅으로 건너간 뒤 20세 때부터 몇 년 동안 결혼과 이혼, 재혼과 사별 등의 비참한 생활을 체험한다. 23세에 귀국하여 이듬해 작가로서 입신한 뒤에도 그의 생활은 풀리지 않고 계속 절간으로 남의 집으로 기식을 거듭하며 잡지·신문사 기자로 겨우 살아간다.

서해가 문단에 데뷔한 것은 1924년 이광수의 추천으로 작품「고국」을 『조선문단』 창간호에 발표하면서이다. 이후「탈출기」(1925)「기아와 살육」(1925) 등 문제작을 발표하면서 주목을 받기 시작한다. 이러한 문제작이 쓰인 곳은 춘원 이광수의 소개로 수도 생활을 하던 양주 봉선사였다. 소설「탈출기」는 서해가 집을 뛰쳐나온 이후의 생생한 체험을 바탕으로 쓰였기 때문에 그의 불우했던 생활이 여실히 나타나는 작품이다. 이 작품은 서해로서는 출세작이면서 문제작으로 부상되어 그가 가장 아끼는 작품 중의 하나였다.

서해는 봉선사 스님들과의 충돌로 인해 방인근이 주간으로 있던 조선문단사에서 기자로 일하게 된다. 조운과의 교분이 더욱 두터워지고 본격화되는 것도 이 무렵이다. 이 잡지의 기자로 들어간 서해는 창간호에 작품「고국」이 춘원 이광수에 의해 추천을 받는다. 서해의 재능을 알게 된 춘원과 방인근은 잡지 편집의 일을 맡기게 되고, 서해 덕분에 조운의 활동 영역도 함께 넓어지는 계기가 된다. 1926년 호남지방에 내려간 서해는 조운을 만나 더욱 가까워지면서 조운의 여동생 조분려(曺琇麗)와 결혼을 하게 되고 조운의 매부가 된다.

『조선문단』에 매월 시조를 폭발적으로 발표하면서 조운은 명성과 작품의 수준이 높아 갔다. 창간 이후 1924년 11월호에「초승달이 재 넘을 때」외 2편을 시작으로 31편의 시와 시조, 평론 1편 기타 문장 3편을 『조선문단』 지면에 발표한 사실을 보면 통권 26호를 낸 잡지의 지면치고는 조운에게 파격적으로 대우해 준 것으로 생각된다.

조운아 어서 일어나라, 뛰어라, 읊어라

    작품 활동이 왕성해질 무렵 조운은 1925년 9월 외혈흔(外血痕)이라는 병을 얻게 되는데, 초가을 바람도 소슬한 어느 날은 서해가 영광 법성포에 찾아오기도 했다. 이미 조운의 병색은 짙어 있었다. 서해가 돌아간 얼마 후, 조운은 선운사로 떠났다. 서해는 조운의 안부를 묻고 편지를 몇 차례 띄웠으나 선운사에서 요양 중인 조운에게 전해지지 않았다. 그 후 두 차례나 더 편지를 부쳤으나 회답을 받지 못했던 서해는 후에 다른 인편으로 조운의 선운사 요양 소식을 접하게 된다.
    진심으로 걱정하고 마음 아파하고 마음으로 애를 태우던 서해는 즉시 잡지 『조선문단』(1925년 11월호)에 「병우 조운(외혈흔)」이라는 글을 발표한다. 그 일부를 발췌한다.

나는 그날 밤새껏 조운의 병을 생각하였다. 천 날 만 날을 생각한들 의사가 아닌 내게서 처방이 나올 리는 만무하고 설령 처방이 나온 대야 제 입에 풀칠하기도 어려운 녀석이 약 한 첩이나마 어떻게 보내주랴. 그저 나로도 억제할 수 없는 걱정에 그의 병을 생각하였고 평소에 내가 생각하던 그의 정신 상태가 그의 건강에 어떠한 영향을 미치었을까 하는 것을 생각하면서 마음을 조렸다.

지난 초이렛날이었다. 방춘해(方春海)가 받아서 전하는 조운의 편지를 나는 받은 그 자리에서 뜯었다. 급히 뜯느라고 처음에는 몰랐으나 읽고 보니 사연은 그의 뜻이나 글씨는 남의 솜씨였다. 나는 더욱 놀랐다. 그의 괴로운 호흡이 서린 것 같아서 내 가슴은 더욱 갑갑하였다. 이처럼 그의 병이 심한가. 그의 병이 위중한 줄은 짐작하였으나 두어 줄 편지까지 남의 손을 빌리도록 되었으리라고는 나의 상상이 미치지 않았던 바다. 그때에 나는 별별 생각을 다해 보았다.

…… 그의 몸 위에 떠 흐르는 애처롭고 참담한 역사를 회상도 하여 보고 현재 구름다리 달맞이 방에 쓸쓸히 누웠을 그의 여윈 그림자를 눈앞에 그려도 보았다. 어떤 때는 차마 말로 표시할 수 없는 무서운 상상을 하고 나로도 알 수 없이 주먹을 부르쥐고 가슴을 친 것이 한두 번이 아니었다. 나중에 나는 이것저것 다 집어치우고 하루바삐 그의 곁으로 가서 말벗이 되려고 별별 애를 다 써 보았지만 얼킨 진투를 쉽게 벗어날 수 없었다. 공연히 마음만 조렸을 뿐이었고 찬 달빛에 무심한 꿈만 호남 하늘에 달렸을 뿐이었다.

조운은 시 쓰는 사람이다. 시 읊는 사람이다. 그가 잘 쓰는지 못 쓰는지 잘 읊는지 못 읊는지? 그것은 나도 모르거니와 그도 모른다. 마지못해 쓰고 마지못해 읊는다. 그가 읊고 그가 쓰는 시는 목멘 여울소리 같고 뜨거운 불과 같다.

그러나 흰 옷 입은 그의 설움! 흰 옷 입은 그의 소리! 알아주는 이 없다. 귀담아 듣는 이 없다. 그는 쓸쓸하다. 그 쓸쓸이 병이 되었는가?

조운에게는 세상에 드문 어머니의 품이 있고 누님의 사랑이 있고 누이의 존경이 있다. 그러나 그가 가슴속 깊이 숨은 설움을 알 사람이 누구냐?

조운의 집은 호남서도 부요한 시골에 있다. 그의 집 앞에는 누런 나락이 금물결을 치고 뒤에는 터진 목화밭이 흰 담요를 깔아 놓은 듯이 벌려 있다. 그러나 그에게는 이틀 먹을 양식이 없다. 아아 그의 건강을 무엇으로 회복하며 그의 쓸쓸함을 무엇으로 위로하랴?

그러나 조운에게는 위대한 용기가 있다. 굳센 믿음이 있다. 이것이 그의 건강을 속히 회복할 것이며 그의 고독을 물리칠 것이다.

물도 흐르다가 돌에 부딪혀서 소리를 치는 셈으로 이번 병은 그의 용기를 시험한 것이며 말할 수 없는 고독은 "고독은 우주의 열쇠다" 부르짖은 그의 뜻을 시험하나 보다.

조운은 죽음이 두려워서 병을 슬퍼할 사람이 아니다. 병이 괴로워서 세상을 버릴 사람은 더구나 아니다. 그는 병석의 고독에서 큰 수수께끼를 풀었을 것이며 병의 괴로움에서 인생을 더 깊이 보았을 줄 나는 믿는다.

멀지 않아 그에게 새봄이 오는 때에 그에게 새 생활이 있을 것이며 새 생활이 있는 때에 읊음이 있을 것을 나는 믿고 기뻐한다.

조운아 어서 일어나라. 뛰어라. 읊어라. 새로 풀은 그 수수께끼를 읊어라. 새로 본 그 인생의 속을 읊어라. 나는 그것이 듣고 싶다. 그것이 듣고 싶다.

— 시월 이십일 일 오전 세 시

서해의 구구절절한 문장에서 조운과의 우정은 물론 두 사람의 인간적 심상을 느낄 수 있으며, 문단 동료로서의 정감이 절절하여 서로가 얼마나 아끼고 의지했는가가 드러나고 있다. 조운의 생활을 누구보다 잘 알고 있는 최서해는 조운의 아픔은 바로 죽음과 연결되지 않을까 걱정이 앞섰던 것이다. 이 글은 1925년에 발표한 것이니 그다음 해에 조운의 누이동생과 결혼을 했다. 그러나 서해는 조운보다 너무나 일찍, 1933년에 세상을 떠나고 만다.

서해의 후견인 춘원 이광수

조운과 춘원의 관계와 서해와 춘원과의 관계는 서로 얽혀 있다. 조운은 영광학원에 박화성과 같이 재직할 때 『자유예원』 문학동호회를 이끌면서 작품 활동을 열심히 했다. 그때 박화성의 작품에서 소설가로서의 재기를 찾아내고 춘원에게 소개하게 되어 이를 계기로 박화성은 문단에 정식으로 추천을 받게 된다.

박화성의 작품 「추석전야」는 영광학원에 근무하면서 1924년 9월 14일 두 번째로 쓴 단편이다. 박화성이 모방 소설에서 탈피하여 완전한 창작 작품으로 첫 번째 써 본 「팔삭동」에 이은 두 번째 작품이었다. 조운이 이 작품을 계룡산에서 휴양 중이던 춘원을 찾아가서 보여주었다. 춘원은 1925년 1월 『조선문단』 신년호에 추천함으로써 박화성은 문단에 정식으로 데뷔하게 된 것이다.

이 무렵 이광수는 「다난한 반생의 도정」(『조광』, 1936)이라는 글에서 서해의 어려운 생활과 함께 서해와 조운과의 관계를 상세하게 기술하고 있다. 이 글의 전개상 춘원의 일문(日文)을 인용할 수밖에 없다.

 서해 최학송은 조운 군의 매부가 되었다. 아마 조운 군이 최서해를 알게 된 것도 내 집에서라고 생각한다.
 서해 군은 그가 성진 보통학교에 있을 때부터 내게 통신하던 사람이었다. 아마 일년이 넘어 통신이 계속되다가 4, 5년간 통신이 끊겼었다. 그러더니 아마 『조선문단』을 창간하던 해이던가 겨울에 서해로부터 편지가 내 당주동 집으로 왔다. 자기는 그동안 북간도로 함북 각지로 표랑생활을 하다가 지금 성진항에서 부두 인부 노릇을 하노라는 말과 노모와 유아가 있단 말과 나를 믿고 서울에 올라온다는 말이었다.
 나는 서울 와야 취직하기 어렵다는 말로 오지 마라고 회답하였더니 아마 그 회답을 받기 전에 떠났는지 하루는 눈이 오는 날 두루마기도 아니 입고 동저고리 바람으로 행이(行李) 하나도 없는 사람이,
 — 선생님 계십니까. 저 최학송입니다.
하고 달려들었다. 그는 허리를 구부리고 다리를 절기에 웬일인가 하였더니,
 —둔종(臀腫)이 나서 걸음을 걸을 수가 없습니다.
하고 그 어린애 같은 얼굴에는 웃음이 가득 찼다.
 서해를 수일 내 집에 묵히다가 나는 그더러 절에 가서 중노릇을 하면서 문학 공부도 하고 창작도하고 불교도 배워보라고 권하였더니 그는,
 —중이요?
하고 한참 주저하다가
 —가 보겠습니다.
하고 승낙하였다.
 나는 그에게 그동안 표랑하던 생활을 소설로 쓰기를 권하고 현대 일본 문학을 연구소개하기를 권하고 내 옷 한 벌과 노자와 양주 봉선사에 있는

지인에게 하는 소개장을 주어서 대단히 추운 날 그를 떠나보냈었다.

내가 「입산하는 벗에게」라는 시를 지은 것은 이때였다. 그 후 한 달이나 지났을까 뜻밖에 서해가 달려들었다.

―웬일이요?

하고 놀라는 나에게,

―그놈의 중놈들 못쓰겠읍데다. 그중의 한 놈이 정 건방지게 굴기로 눈 구덩에 거꾸로 박아 놓고 왔습니다.

하고 껄걸 웃었다. 나도 실소하였다.

―눈 속에 거꾸로 박았으면 죽었게.

하고 나는 눈을 크게 떴다.

―다리를 버둥거리는 것을 보고 왔으니까 어떤 놈이 꺼내 주었겠지요.

하고 소탈하게 웃을 뿐이었다.

―원고는 썼소?

―하나 써 보았습니다.

하고 보퉁이에서 내어놓은 것이 「탈출기」였다. 이것은 그의 처녀작인 동시에 출세작이다. 그의 굵고 힘 있는 성격과 작법은 잘 이 속에 드러났다. 이 「탈출기」는 곧 『조선문단』에 실렸다.

그리고 서해를 보낼 곳이 없어서 방춘해에게 말하였더니, 그러면 『조선문단』의 편집을 돕는다는 명목으로 집에 두마 하여 춘해의 집에 우거하게 되었다.

그의 문명이 높아지고 조운 군의 매씨와 혼인을 하는 동안 나는 병석에 있었고, 그도 어떠한 감정의 소격(疎隔)으로 나를 찾지 아니하였다.

그러다가 그가 세상을 떠나기 약 일주일쯤 전에 내게 사람을 보내어 한번 만나기를 청하였다.

내가 곧 삼호병원 병실에 그를 찾을 때에는 그는 기다란 얼굴에 웃음을 띠우고 내가 내어미는 손을 잡았다. 그리고 그도 울고 나도 울었다.

나는 여러 가지로 그를 위로하고 돌아왔다. 그런지 몇 날이 아니 되어 그는 노모와 처자를 남기고 불귀의 객이 되었다.

이 기록은 서해의 생계에 도움을 주고 문학적으로도 그를 문단에 데뷔시켰고, 외롭고 고독한 서해를 인간적으로 돌보아 준 춘원 이광수의 기록이라는 점에서 가치가 크다.

서해는 결혼 후에도 서울에서 전전하다가 생활의 어려움을 겪게 되고 『매일신보』기자로 일했지만 어려운 생활은 면할 길이 없었다. 폭음과 여성 편력으로 소일하며 궁핍은 더해 갔다. 급기야 위장병을 얻어 병상에 눕게 되고 경의전 부속병원에서 위 수술을 받았으나 1932년 7월 9일 경과가 악화되어 그의 일기 33세로 요절하고 만다. 유족으로는 조운의 여동생인 부인 분려와 장남 백(白), 그리고 차남 택(澤)을 두고 떠났다. 혈혈단신 서울에서 생활하던 서해에게 조운이 매씨인 분려를 재혼케 한 것은 두 사람의 인간적 관계를 미루어 짐작케 하는 대목이다.

조운은 불귀의 객이 된 서해의 죽음 몇 년 후, 분려의 죽음을 듣고 통곡의 시조 작품 「서해야 분려야」를 남긴다.

서해야

무릎 우에 너를 눕히고
피 식는 걸 굽어볼 때

그때 나는
마지막으로 무엇을 원했던고

부디나

누이와 바꾸어 죽어다오
가다오

누이가 죽어지고
서해 네가 살았으면

주검은 설어워도
삶은 섧지 안 하려든

이 설움 또 저 설움에
어쩔 줄을 몰랐어.

늙으신 어버이와
젊은 안해
어린 아이

이를 두고 가는 죽음이야
너뿐이랴

네 살에 나도 아빠를 잃었다
큰 설움은 아니어.

하고 싶은 이야기를
다 해 보지 못한 설움

천년에 남고 말을
뼈 맞히는 한일지니

한 마디

더 했더라면
어떤 얘기였을꼬.

분려야

너는
비 오는 날
회령천리를 떠났것다

나는 널 보낼 제
'웃누이나 못되더냐?'

'차라리 죽어가는 길이라면'
하고 울었더니라

간 지
겨우 3년
더 못 붙일 위(世上)이더냐

白이놈이 국문이나 붙이어 볼 줄 알아

내 엽서 일게 될 때까지나
못 기다릴 네더냐.
(白이는 서해의 큰아들)

 박상엽은 그의 글 「서해와 그의 극적 생애」(『조선문단』, 1935. 8)에서 서해 사후 그 가족의 소식 전하고 있다.

이 세상에는 아직도 서해의 칠순 노모가 회령에서 젊은 미망인과 두 어린 손자(큰아이는 아홉 살, 작은아이는 여섯 살)를 다리고 살고 계시다. 서해를 잃은 그들의 생활은 풍전등화 같을 것은 불문가지다. 그런데 필자는 이 원고를 쓰는 중 지난 6월 9일 아침 열 시에 회령으로부터 오는 난데없는 전보 한 장을 받았다. 그 전보를 개봉하던 필자는 갑자기 벙어리가 되어 눈만 둥그렇게 뜨고 한참 동안 전보만 뚫어지게 바라보고 있었다. 그것은 서해 미망인이 그날 아침에 세상을 떠났다는 것이다."

조운과 서해의 긴 우정의 터널은 이렇게 끝나고 그들은 오랜 세월 동안 문학의 역사에 길게 그림자를 드리우고 있다. 조운과 서해 최학송의 문학 작품을 오래도록 가슴마다 품게 되는 것도 이러한 인간적인 면모에서 연유하리라.

제6장
자유예원과 박화성

조운 생가의 뒷뜰 모습

박화성과의 만남

조운과 소설가 박화성의 만남은 영광학원이 설립한 영광중학교에서 시작된다. 교사로 부임한 박화성은 창가와 일어를 맡았고 조운은 국어와 미술을 담당했다.

조운은 19세에 동갑내기 김공주(金公珠)와 결혼하여 1919년 장녀 옥형(玉馨)을 낳고 공립목포상업학교를 졸업했다. 그해 3·1운동을 주도함으로써 일경의 추적 대상이 된 조운이 만주로 떠나 도피한 후, 장녀 옥형은 죽고 만다. 만주 등지를 유랑하던 그가 고향으로 귀향한 것은 1921년이었다. 영광학교가 설립된 것이 1922년 2월이었으니 만주 등지의 유랑을 끝내고 돌아온 후였다. 같은 해 차녀 나나(那那)를 낳고 영광학교 설립과 동시에 교원으로 활동을 시작한다.

박화성의 영광학교 부임도 이 무렵이니, 조운의 나이 23세이며 박화성의 나이 18세 때이다. 박화성은 1925년까지 영광중학교에 근무하고 조운의 주선에 의해 『조선문단』에 단편 「추석전야」로 데뷔한다. 결혼한 김공주와는 1925년 11월 2일 합의이혼을 하게 된다.

영광학원은 1922년 2월에 영광의 위계후를 주축으로 한 영광청년회 임원 10여 명이 중심이 되어 향교의 명륜당에서부터 시작한다. 4년제 보통반 남녀 60명과 1년제 속성반 30명 등 150명을 수용하여 배움의 문을 연다. 초대 교장은 조병모(曺秉模)였고 2대 교장이 조운의 매부인 위계후였다. 조주현(조운), 김형모, 조용현, 박화성 등이 교사진이었다.

영광중학교의 설립은 3·1운동 이후 민족봉기가 재발할 것을 우려한 일제가 회유책으로 문화정책을 펴는 사이에, 영광의 지도자들이 때를 놓치지 않고 지역민들의 역량을 배양할 기회로 이 고장 영광의 교육을 위하는 길을 택했다.

박화성의 본명은 박경순(朴景順)으로 작품 「추석전야」를 발표하면서 필명인 박화성을 사용한다. 박화성은 영광중학교 교직 생활로 문단 진출의 계기를 마련하게 되었고 그 계기는 조운에 의해 이루어졌다. 박화성은 『전남문단』 11집(한국문협 전남지부, 1984)을 통해 다음과 같이 말하고 있다.

> 1922년 내가 영광중학원에 부임해 보니까 원장 선생을 비롯하여 교원의 8할이 다 문학 애호가로 시나 시조는 수준급이었고 문필은 거의가 다 세련되어 있었다. 교원의 한 분인 시인 조운 씨는 자유예원이라는 문학 써클을 만들어 교원이건 학생이건 읍내 인사이건 누구나가 다 자유로 시, 시조, 수필, 단편 등을 써 조운 씨에게로 가져오게 하고 그 작품들을

학교 벽과 문짝들에 붙여서 또한 누구나가 와서 읽게 하였다.

일주일에 월요일과 금요일 두 번씩의 행사인데 이 중에서 장원을 하게 되면 그때 『개벽』이라는 잡지에 실리게 되는 특전을 받게 되었다.

나는 세 번 장원을 하여 활자화된 글이 발표되었건만 어렸던 탓일까 기쁜 줄도 몰랐다. 세 번째 「정월 초하루」를 읽은 조운 씨와 동료 교원들이 나더러 소설에 소질이 있으니 소설을 써보라고 하여 「팔삭동」이라는 단편을 써 보이니까 조운 씨가 칭찬하면서 또 한 편을 쓰라고 하기에 「추석전야」라는 단편을 썼더니 조운 씨는 나도 몰래 그때 계룡산에 휴양 중에 있던 춘원 선생께 가서 그것을 보여 주었고 춘원 선생은 1925년 『조선문단』 1월호에 그 작품을 추천하여 비로소 신생아가 된 셈이었다.

조운은 문학서클 자유예원을 만들어 지역문화 활동을 독려하고 활동 범위를 영광의 전 지역으로 하여 일종의 문예운동을 펼쳤다. 이 문예운동은 모든 사람에게 작품을 쓰는 기회를 주고 중앙문단으로 진출할 수 있는 길을 열어 주는 등 황동의 범주를 넓혀나갔다. 조운의 역량으로 결국 박화성이 작가가 되는 길을 열어 준 셈이다.

박화성은 영광중학교의 생활을 즐거운 나날이었다고 회고했다. 중등과 창가 시간이 다가오면 "끄릿끄릿한 남학생들이 검은 교복으로 나무숲처럼 늘어앉은 학생들을 대하는 일"이 열아홉 처녀 교사로서 마음이 편하지 않았다고 한다. 조운이 작사한 창가를 박화성이 선정한 곡에 맞추어 학생들에게 가르치기도 했는데, 어떤 때는 창가 시간에 교감과 조운이 교실에 들어와서 수업하는 것을 듣기도 하였다. 이러한 소문이 읍내에 퍼져 읍내 인사들까지 찾아와서 수업을 참관하여, 처녀 선생이 남학생을 잘 후려서 가르친다는 소문이 나기도 했다.

박화성의 문학적인 자질을 알게 된 조운은 그 자질을 길러 주기 위한 배려를 아끼지 않았다. 박화성이 평소에 습작해 두었던 노트 다섯 권을 보고는 그것을 받아 들고 집으로 가져가서 정독한 후에 글에 대한 평과 함께, 시와 산문에 대한 지식도 들려주곤 했다. 또한 조운은 자신의 서재에서 박화성에게 많은 책을 빌려 주었다. 소설 작법, 시 작법, 희곡 작법 등에 관한 서적들과 일본 문인들의 작품집은 물론 톨스토이 등 러시아와 서구 문호들의 문학작품들을 읽게 했다.

박화성은 조운의 서재에서 도쿠토미 로카(德富蘆花)의 『자연과 인생』이란 책을 빌려 보고 "나는 그것을 읽으며 처음으로 무한한 넓은 창공과 내 가슴이 태양처럼 툭 터져 나가는 것 같은 상쾌함과 화안한 등불이 마음을 밝히는 것 같은 신비로움을 감각하였다"(「남기고 싶은 이야기들」, 『중앙일보』, 1977. 12. 8)고 술회함으로써 그 감동이 얼마나 컸던지 짐작할 수 있게 한다. 조운의 서재에 가득 찬 책을 보면서 박화성은 엄청나게 뒤져 있는 자신을 발견하게 되고 조운의 지도를 청하지 않을 수 없었다. 조운의 시 작법과 해설은 누구든지 깨우칠 수 있을 정도로 명료하고 철저하여 박화성의 감동은 더욱 짙어졌다.

문학의 열정에 사로잡히다

음력 5월 단오절이었다. 조운은 박화성에게 남학생들이나 교직원들이나 아낙네들, 누구라도 그네를 뛰면서 부를 수 있는 노래를 지어보게 하여 '무궁화 동산에서 우리 자라고'라는 창가에 곡을 맞추어 두 구절의 노래를 만들었다. 이 노래는 삽시간에 전체 학생들이 배우게 되어 열창하게 되었다.

조운은 교정의 은행나무의 든든한 가지에 그네를 매었다. 흰 두루마기를 펄럭이며 그네를 뛸 때나, 박화성이 그네를 뛰게 되면 학생들은 신이 나서 흥겹게 합창하여서 운동장이 떠나갈 듯하였다. 교실에서 학생들이 내다보며 박수를 치고 교무실에서 선생님들이 창가에 모여 박수와 응원을 보내고 하였다. 박화성은 이 무렵의 일을 『중앙일보』에 연재한 「남기고 싶은 이야기들」에서 다음과 같이 회상하고 있다.

가을이면 황금빛 은행잎이 소나기인 양 쏟아지는 황혼의 운동장을 조운과 함께 나와 갈대꽃과 들국화가 양쪽 언덕에 휘 늘어져 있는 사잇길을(돌아오는 길이 같은 방향이었다) 천천히 걸으면서 끝없는 담화로 이념과 공상의 나래를 펼쳤고 겨울이면 눈이 발목까지 덮이도록 쌓인 눈길을 걸으며 눈의 낭만을 예찬하기도 하였다.
그리고 다음해에 어머니를 모셔다가 조촐한 모녀의 살림을 꾸몄던 집 화단에 학생들이 모종해 심은 온갖 화초가 만발한 늦여름 밤에 풀벌레 즉즉대고 달빛에 꽃 그림자가 산산하게 흔들리는 뜰에서 인생과 문학을 토론하기에 곁에 계신 어머니에게서 싸우지 말라는 경고를 몇 번씩 듣기도 하였다.
― 「남기고 싶은 이야기들」, 『중앙일보』, 1977. 12. 14

조운과 박화성은 그들의 문학적 애정을 결국 "끝없는 담화로 이념과 공상의 나래"를 펼치는 과정으로 넓혀가고 있었다. 조운은 자신의 문학적 열정 때문에 새로운 문학의 길을 찾아 나서는 박화성의 열정에 마음을 사로잡혔는지도 모른다.

박화성은 1925년 초에 영광중학교를 떠나 서울로 이주하게 된다. 박화성이 떠난 후, 9월에 병을 얻은 조운은 1925년 11월 2일 김공주와 합의이혼하게 되고, 전북 고창 선운사에서 요양을 하다가 고향 구름다리로 돌아와 자신의 서재 달맞이 방에서 투병생활을 한다.

어느 날 서울에 있는 박화성을 찾아온 최서해와의 만남을 박화성은 다음과 기술하고 있다.

서해는 이번 여름에 조운이 휴양하고 있는 법성포 선운사에 가서 함께 지내다가 오겠노라고 나더러 혹 전할 말이라도 없느냐고 했다. 운 씨가 왜 휴양을 갔느냐니까 그것도 모르다니 말이 되느냐고 그는 눈을 곱지 않게 떠서 나를 노려보았다. 사실 나는 영광을 떠난 후 그 정답던 뭇 벗들에게 안부 편지 한번 보낸 적이 없고 그들 역시 무심하기는 마찬가지여서 서로 서신 내왕을 하지 않고 있었던 것이다.

"달마다 시가 나오길래 건재하신 줄 알았거든요. 난 공부 잘하구 있다구만 전해 주세요."

"늦은 봄부터 아주 몸이 나빠졌어요."

그들의 우정은 각별히 두터운 모양으로 서해의 표정은 자기마저 병인인 양 어둡고 쓸쓸하게 보였다. 내 문학의 지도자였고 성을 초월한 지우로서는 그가 최초의 사람인만큼 난들 목석이 아닌 담에야 어찌 근심되지 않을까 마는 나는 말로써 표현하지 않았다.

― 「남기고 싶은 이야기들」, 『중앙일보』, 1977. 12. 14

그 후 박화성에게는 '발신인 없는 소포'가 온다. 들국화가 가득 담긴 소포의 발신자는 없었다. 박화성은 이렇게 적고 있다.

이러구러 가을도 깊어 가는 11월 중순에 나는 꽤 큼직한 소포를 받았다.

장방형의 상자 같은데 상당히 높았으나 중량은 과히 무겁지 않았다. 앞뒤로 아무리 훑어보아도 발신인의 주소와 성명이 쓰여 있지 않았다.

나는 한 방에 있는 친구와 함께 그 소포를 풀기 시작했다. 정성스럽게 포장한 겉봉을 뜯어내니 백지로 밀봉한 상자가 나왔다. 하얀 백지를 어떻게나 밀착해 붙였던지 뜯기지가 않아서 칼로 긁어내고 상자의 뚜껑을 열었다.

상자 속은 들국화로 꽉 차있었다. 채 마르지 않은 연연한 보랏빛 들국화에서는 가냘픈 향기가 풍겨왔다. 나는 왈칵 솟구치는 영광에의 향수로 잠시 동작을 멈추었다가 꽃송이들을 고이고이 움켜냈다. 몇 겹이나 들어냈을까 문득 노랑과 빨강의 고운 배색이 눈에 들어왔다.

샛노란 은행잎 속에는 밥그릇보다 자칫 작은 진홍색의 홍시가 말랑말랑 무르익은 채로 두 개가 고스란히 들어 있었다.

조심조심 한 개씩을 꺼내 방바닥에 앉혀 보니 참으로 서울에서는 볼 수 없는 크고도 몸매가 너무나 고운 감이었는데 우편으로 부쳐온 소포이면서도 조금도 상하지 않은 것은 공간을 빈틈없이 은행잎으로 메워둔 까닭이었다.

이 향기롭고 멋진 선물을 남몰래 이리 정성들여 보낸 사람이 누굴까 하고 나는 곰곰 생각해 보았다. 한 방의 친구는 그거야말로 나를 무척 사모하고 있는 분이 보냈을 터인 즉 먹지 말고 두고두고 보라는 농담까지 하였지만 내가 제일 사랑하는 들국화를, 또 내가 좋아하던 그 노란 은행잎을 내게 보이고 싶어서 소포로라도 보내는 김에 내가 즐겨 먹던 감까지를 우편으로 부친 알뜰한 마음씨는 여성이 아닌 남성으로는 좀체로 흉내 내지 못할 것같이 생각되었다.

내가 영광에 두고 온 내 사랑하는 학생들, 떠난다니까 몇 날 전부터 울음으로 밤을 새우며 이별을 서러워하던 과년한 처녀들이 오매불망하는 선생님께 무엇인들 아끼리오. 그중의 한 학생이 지난날의 추억을 살려 이 가을이 가기 전에 가을의 상징인 전부를 내게 보냈을 것이라는 추측으로 선물의 결말을 냈다.

— 「남기고 싶은 이야기들」, 『중앙일보』, 1977. 12. 14

그러나 박화성이 내린 선물의 결말은 너무 성급했다는 징후를 알게 되는 것은 그리 오래가지 않았다. 어쩌면 박화성의 기술에서 어떤 학생이 보내온 것으로 넘겨 버리는 것은 모든 정황으로 보아 앞뒤가 맞지 않다. "그거야말로 나를 무척 사모하고 있는 분이 보냈을 터인 즉 먹지 말고 두고두고 보라"고 한 한 방 친구의 말을 빌려 자신의 심정을 표현한 것으로 보아야 한다. 자신이 살아온 일생을 기록한 「남기고 싶은 이야기들」이 신문지상에 공개되는 까닭에 미혼 시절의 마음의 정황을 솔직하게 고백하지 못하는 그녀의 심정을 이해해 줄 수밖에 없다.

제일 사랑하는 들국화, 좋아하는 노란 은행잎, 즐겨 먹던 감을 보내 줄 수 있는 사람은 누굴까. 박화성의 제일 좋아하는 것만 골라 보내 줄 수 있는 사람은 과연 누굴까. 박화성은 정말 모르는 것으로 마무리하고 싶은 것일까. 아니면 조운에 대한 존경심 때문일까. 그 징후에 대한 고백은 없었기 때문에 옛날을 더듬는 일종의 추리에 불과하다.

「야국송(野菊頌)」의 짙은 연정(戀情)

조운이 일주일 후에 보내온 한 편의 시조에서 숨겨진 이야기를 미루어 짐작해 볼 수 있다. 박화성의「남기고 싶은 이야기들」(1977. 12. 15)은 다음과 같이 계속된다.

　　1주일쯤 지냈을까 조운에게서 처음으로 봉서 한 장이 왔다. 서해의 말을 빌어 그가 병석에 있노라만 믿어 왔기에 너무나 반가와 급히 피봉을 뜯었으나 알맹이는 얄팍한 종이 한 장뿐이었다.

　　　가다가 주춤
　　　머무르고 서서
　　　물끄러미 바래나니
　　　산뜻한 너의 맵시
　　　그도 맘에 들거니와
　　　널 보면 생각히는 이 있어

못 견디어 이런다.

— 「야국송(野菊頌)」 전문

도시 이것뿐이었다. 그러나 짤막한 시조 한 수에 넘치는 정감은 수십 장의 장찰(長札)에서 보다도 더 짙게 가슴에 스며들었던 것이다.

박화성의 이 글에서 조운과의 짙은 정감을 짐작할 수 있다. 특히 동봉한 시조에 함축된 조운의 마음을 읽을 수 있다는 것은 바로 앞서 보내온 들국화와 감과 은행잎의 발신인이 누구인가를 점쳐 볼 수 있는 대목이기도 하다.

이러한 두 사람의 관계를 정종은 "들국화야! 널 보면 생각하는 '임'이 있었다니, 그 임이 대체 누굴까? 아무튼 젊은 시인은 차마 '못 견디어 이런다' 라는 소박하고도 실감 나는 직설적인 표현으로 더욱 절실하게 만들고 있다. 이리하여 마침내는 조운에게 옛 황진이가 오늘의 박경순으로 전신하고 오늘의 화성은 진랑(眞娘)의 후신이 되어 버리고 만 것이다."(「고향의 시인들, 시인들의 고향」, 『동남풍』, 1995. 3) 라는 말로 조선조 중종 때 지족선사의 사랑을 담뿍 받은 진랑(眞娘)의 고사를 들어 두 사람의 가슴에 스며드는 애정을 표현하고 있다.

이에 대해 정규팔 칠산문학 동인은 "박화성은 조운이 만든 '자유예원' 이야말로 전남문학에 새싹으로 발아된 기틀이며 자신의 문학의 온상은 영광이었음을 강조했다. 이처럼 조운은 박화성의 은사나 다름없을 정도로 그의 문학에 절대적인 영향력을 미쳤다.

또한 문학 이외에도 둘은 각별한 사이였던지 조운이 광주에 다녀

올 때마다 박화성의 선물을 사가지고 왔으며 명륜당 앞 은행나무에 박화성을 위해 그네를 만들어 주기도 했다고 한다. 박화성을 위해 지었다는 「야국송(野菊頌)」에서 '가다가 주춤 / 머무르고 서서 / … / 못 견디어 이런다.' 라고 표현했듯이 박화성을 퍽이나 사랑했던 것 같다."(『칠산문학』 제13호, 2000.12)고 단정 짓고 있다.

정영애는 "조운은 후배 박경순을 작가 박화성으로 만들어 내기 위해 계획적으로, 그리고 발 벗고 나선 것이 분명하다. 그런 만큼 박화성은 조운을 스승으로서 때로는 문우의 우정을 평생토록 유지하였으며 항상 감사하는 마음으로 가득 차 있었다."(「조운 시조 연구」, 조선대, 2001. 8)라는 기술로 조운과의 관계를 문우와 스승과의 관계로 보면서 박화성을 계획적으로 작가를 만들어 냈다고 기술한다.

영광중학교의 교사로서 맺은 조운과 박화성의 문학적 인연의 고리가 된 시조 「야국송(野菊頌)」의 "못 견디어 이런다"라는 표현은 애절하고 절실하기 이를 데 없다. 이러한 「야국송(野菊頌)」의 일화를 박화성이 기록으로 남겨 주었기에 알려지긴 했지만 그 이외의 상황에 대하여는 아무도 풀어놓지 않아, 다만 짐작으로 두 사람의 관계를 어림할 따름이다.

조운이 보내온 시조 「야국송(野菊頌)」은 박화성에 대한 깊은 애정의 표현임은 두말할 나위가 없다. 자신의 심정을 야국에 빗대어 간접적으로 표현했을 것이다. "산뜻한 너의 맵시 / 그도 맘에 들거니와 / 널 보면 생각히는 이 있어 / 못 견디어 이런다"는 바로 그의 진솔한 고백일 수도 있다.

시인 정설영은 시조 「야국송(野菊頌)」에 대한 해설에서 "먼 후일 (1947년 무렵) 박화성도 조운에게 야국을 듬뿍 넣어 만든 베개를 선물하는데 야국은 두 사람에게 영원불변의 신표였다고 할 수 있다. 특기할 것은 화성의 원래 이름은 경순(炅順)이었는데, 조운이 화성(花城)으로 지어준 뒤부터 이름을 바꿔 사용하였으며, 조운은 화성으로 부르지 않고 한글식인 '꽃재'로 불렀다 한다. 영광에 옛날부터 꽃재가 있었는지 조운과 박화성의 최초 데이트 장소를 기념하기 위해 그렇게 명명해 놓았는지 알 수 없으나, 영광읍에서 북문재 넘어가는 고개가 꽃재라 한다."(「시인 정설영의 '조운문학' 길라잡이」, 『영광신문』, 2003. 8. 29)라고 함으로써 조운과 박화성 두 사람은 문학을 통한 깊은 정감을 나누었음을 알 수 있다.

제7장
헌신과 운명의 가름

조운 생가 터를 알리는 표지석

파란만장했던 영광의 민족운동

　조운은 영광이 자랑하는 시조시의 선구자이며 민족주의자를 주창하였음을 알 수 있었다. 한국 현대 시조의 초창기에 지방 영광에서 시조창작의 불꽃을 지피고 문예부흥운동을 주도하는 등 그의 활동상은 당시 시대적 사회적 형상으로는 보기 드문 일이었다.

　일제 강점기의 민족적 수난은 많은 뜻있는 인사들로 하여금 허탈감에 젖게 했으나 동시에 무엇인가 실현해 보려는 민족적 혈기와 의지도 불러일으켰다. 이미 살펴본 것처럼 이러한 과정에서 조운은 자신의 문학적 열정을 함께할 수 있는 길을 모색하고 고향 영광 사람들로 하여금 깨우침을 주려는 여러 가지 일들을 하게 된다. 특히 이 지역 출신인 송진우(宋鎭禹), 김성수(金性洙)의 영향과 위계후 등과 얽혀 있는 집안 간의 관계가 자신이 하려는 일에 대한 결의를 뚜렷이 하는 계기가 되었다.

영광에 지펴진 1919년의 3·1운동은 비록 성사가 되지 못하였다 하더라도 영광 땅의 지도급 인사들은 새로움을 찾는 길을 모색하게 된다.

일제의 무단정치가 불러온, 우리 민족의 큰 저항운동이었던 독립운동의 양상은 3·1운동 이후 지하조직을 중심으로 한 지하운동으로 방향이 바뀌게 된다. 3·1운동 같은 민족봉기가 재발할 것을 우려하여 일제가 그 회유책으로 내세운 것이 형식적인 문화정책이었다. 민족지도자들은 이러한 문화정책을 놓치지 않고 이에 편승 동조하는 것으로 역이용하여, 민족 역량을 기를 수 있는 기회로 잡아 새로운 추진제를 만든다.

영광의 3·1운동 역시 비록 성공을 거두지는 못하였다 하더라도 영광 땅의 지도급 인사들에게도 새로운 길을 모색하는 계기가 되었다. 1922년 2월 위계후를 주축으로 하는 영광청년회 임원 10여 명이 중심이 되어 영광읍 교촌리 소재 명륜당에 사립 영광학원을 설립하게 된다. 그러나 이 학교가 정규 중학교가 되지 못하자 정규 5년제 고등 보통학교 설립의 필요성을 절감하고 1922년 10월 청년회의 임원인 조주현(조운), 유희중, 조희충, 정인영, 위계후, 조규원, 이인, 김은환, 정태희, 조용남, 서순채, 김형모, 조영달 등이 주축이 되어 영광중학교 기성회를 창립함으로써 영광군민들의 열렬한 지지를 받는다. 1년제 보통반 남녀 각 60명과 1년제 속성반 30명 등 150명을 모집하여 조운은 국어, 국사 그리고 미술을 맡아 지도하게 된다.

1923년 3월 11일 자 『동아일보』 사설에 '영광중학교 기성회 성황'

이란 제목으로 '지방 인사의 일고를 촉함'이라는 부제를 붙인 글에서 "영광의 솔선이 출색(出色)의 미거(美擧)라 아니할 수 없는 바다. 이 영광의 선구가 전남 교육계의 모범이 되기를 절망(切望)하는 바로다."라는 내용의 기사가 보이고 있다. 당시 일제의 횡포에 의해 일본인 자녀의 교육을 위하여 일반 조선 인사에게 기부금을 강요하고 지방비 보조를 강권하는 상태에서 영광 기성회의 출범은 민족 교육을 위하여 큰 기대를 모으는 일이 아닐 수 없었다.

조운은 이와 같은 상황에서 영광중학교 학생을 지도하고 또 자유예원이란 향토문예운동을 시작하는 계기를 만들어 영광의 문예부흥운동을 활성화시켰다. 이 무렵에 추인회의 조직을 적극적으로 조직화하여 시조 보급운동을 더욱 활발하게 전개한다.

영광의 청년 조직은 1918년에 창립하여 영광읍 무령리 소재 현 영광우체국 뒤에 회관을 두고 3·1운동의 주역은 물론 영광유치원, 영광학원, 영광중학교 기성회 설립과 운영의 주역을 맡았다. 조운은 1931년부터 1934년까지 제3대 회장을 맡아 이 단체를 이끌어 왔다. 조운의 회장 재임 시 임원은 조규원, 편진옥, 정태희, 조용남, 서순채, 김형모, 유봉기, 조영달 등이었는데, 일제의 탄압에 의해 강제로 1934년 해산 당한다. 영광의 민족운동을 주도하고 영광의 번영을 위하여 헌신한 지도급 인사의 모임은 이로써 끝나고 만다.

일제의 탄압이 극에 이르렀지만, 민족적 열의를 억제할 수 없었던 영광 지도자들은 유사시에 대비한 은밀한 핵심적 조직의 필요성을 느낀다. 그래서 1934년 2월 조직한 비밀결사 단체가 영광의 유일한 독서회인 갑술구락부(甲戌俱樂部)였다. 조운은 회장을 맡아 이 독서회를 이끌어 간다. 당시의 주요 회원은 정동석, 조희태, 이숙, 정욱, 박연근, 조장현 등 8명이었다. 갑술구락부는 주로 30대 전후의 지방 청년들 모임으로, 수양단체 명분을 내세워 서로의 지식과 예지를 교환하고 고서전람회, 문학강연회, 무용의 밤, 고전음악의 밤, 소인극회 등 각종 문화행사를 개최하였다. 갑술구락부는 청년회 산하 단체로 계와 같은 친목단체를 조운이 주도하여 향토문화를 되살리고 민족정신을 고취시키는 역할을 하기도 했다.

　이 무렵 조운은 영광보통학교에서 교편을 잡고 있던 2세 연하의 노함풍(魯咸豊)과 재혼한다. 그녀 역시 여성들의 민족적 자각과 항일투쟁의 일익을 담당했던 영광의 유일한 여성단체인 영광여성동맹을 1935년에 발족하여 조운의 민족운동에 동참한다.

영광체육단사건

조운의 또 다른 수난은 소위 '영광체육단사건'이다. 일제는 이를 '영광공산당사건'으로 분류하고 있다. 이에 대해서는 영광군에서 발간한 『옥당골의 전통문화』(영광군, 1983)의 기록을 참고하면 당시의 상황을 구체적으로 알 수 있다.

일제의 탄압과 강권으로 영광에 있어서 민족 운동을 주도해 온 청년회와 농민회 등이 해산 당하자 어떠한 형태로든지 민족 운동을 계속할 수 있는 조직의 구성을 꾀하고 있던 때에 당시 서울약학전문학교를 졸업한 현암 이을호가 서울에 보급된 덴마크의 '닐슨북'이라는 도수체조를 배워 가지고 귀향하여 영광읍 도동리 소재 진명사(進明社) 마당에서 영광의 지성인들을 모아놓고 매일 아침 이 도수체조를 가르쳤다.

이때 조기체조를 빙자하여 자연스럽게 이곳에 모이게 된 이 고장의 지도층 인사들은 왜경의 눈을 피하여 1934년 4월 영광읍 교촌리 소재 명륜당에 모여 거군적인 조직으로 영광체육단을 창단했다.

이 체육단의 활동은 비단 영광에서만 그치지 않고 체력 향상이라는 표면상의 슬로건을 내걸고 영광, 장성, 고창, 정읍의 4개 군을 묶어 4군 연합운동회를 영광에서 시작하여 4군을 순방하면서 연차적으로 개최하기로 하고 1935년 4월 제1회 연합운동회를 영광에서 개최했었는데 그 성과가 대단한 것이었다.

또한 1937년 4월에 개최한 영광시민운동회에는 베를린 올림픽에 출전하여 손기정 선수와 함께 대한남아의 위력을 과시한 전남 출신의 남승룡(南昇龍) 선수를 초빙하여 영광시민운동회를 더욱 의의 깊게 치렀을 뿐만 아니라 나라 없는 서러움을 다시 한 번 상기시켜 서로 부둥켜안고 민족의 한을 달래기도 했다.

그 후 체육단의 활동이 활발해지고 날이 갈수록 배일사상이 고조돼 가는 상황을 일본 경찰이 그대로 묵과할 리 없었으니 이때부터 왜경들은 면밀한 계획을 짜고 1919년 기미 이후에 영광에 있어서 민족 운동을 주도하고 여기에 참여한 지도층 인사들의 명단을 작성하여 이 기회에 영광의 민족사상을 뿌리 뽑아버리기로 작정하고 실행에 들어간다.

1937년 9월 16일 밤에 "동방약소민족옹호" "대한독립만세"라 쓰인 벽보를 왜경 자신들의 손으로 조작하여 영광읍 사거리 전주에다 부쳐놓고 이 범인을 색출한다는 구실로 영광의 지도층 인사 300여 명을 9월 19일 일제히 검거하여 영광경찰서 유치장과 공회당, 그리고 각 면, 지서 유치장 등에 분할 수감한다.

당시 전남도 경찰부의 악명 높은 고등계는, 우리 독립운동에 참여한 애국지사들을 전담하는 기구로 원흉인 노주봉 경부의 진두지휘하에 1938년 4월 12일까지 무려 7개월에 걸쳐 혹독한 고문을 가하여 허위자백을 받은 후 사건을 날조한다.

이들은 1938년 4월 13일 해인 위계후 외 44명의 애국지사들을 보안법 위반죄를 적용, 목포경찰청으로 송치하여 위계후, 조주현, 남궁현, 나질순 등 4인만 실형을 받고 나머지 41명은 1939년 2월 8일 무려 18개월 만에 예심 면소 처분을 받고 석방되었다.

영광에 있어 3·1운동에 이어 두 번째로 큰 옥사가 바로 체육단 사건으로 출감 후 많은 애국지사들이 고문 후유증으로 오랜 세월을 병원에서 보냈거나 결국은 망국의 한을 품은 채 세상을 뜬 분들이 많았다.

애석하게도 이 때 옥고를 치룬 분들의 정확한 재판기록을 입수하지 못해서 여기에 기록하지 못했음을 매우 가슴 아프게 생각하면서 당시 체육단의 임원진 명단을 기록으로 남긴다.

단장 : 위계후
부단장 : 조규원
총무 : 조주현
재무 : 서순채
운영위원 : 조주현, 서순채, 정진삼, 박연근, 조장현, 김맹규, 정욱, 이을호, 허감

이상과 같은 기록에 나타나 있듯이 영광체육단사건은 민족혼을 말살하려는 일제에 의해 날조 조작된 사건으로 당시의 신문에서는 영광공산당사건으로 크게 취급되어 있음을 알 수 있다. 좀 더 정확을 기하기 위하여 이 사건을 기록한 원본 기록과 대조해 보면 날짜가 다소 위의 기술과 다른 점이 있다.

소화 13년(서기 1938년) 1월부터 6월까지의 광주지방법원 목포지원의 영구보존 제29호 형사사건부(刑事事件簿)를 행정자치부 정부기록보존소의 기록을 보면 다음과 같다.

진행번호 662, 접수일자 5월 5일, 접수구분 영광인지(認知), 주임검사 궁정(宮井), 사건 표목(標目) 치안유지법(治安維持法), 피고인 조주현, 조운 기정(曺雲. 畸丁), 직업 농업, 연령 39세, 구류(勾留) 13년 5월 5일, 검사 구예심(求豫審) 13년 5월 16일, 예심종결 결정 14년 2월 4일, 예심 종

결결정요지(終結決定要旨) 판공부의령부(判公部議슈付), 예심 공판송치 14년 2월 10일, 공판 재판언도 15년 2월 23일, 공판 판결 징역 10월 미결 구 류일수 300일, 재판확정일 급 원부번호 15년 2월 23일 24호/182호, 집행방면지휘(執行放免指揮) 15년 2월 23일 집행방면(執行放免).

위의 조운에 대한 기록에서 보듯이 치안유지법을 적용하여 재판을 진행하고 있음을 볼 수 있다.

그리고 보훈처의 조주현(조운)의 수형기록부에는 (1)소화15년(1940) 2월 23일 목포지청에서 치안유지법 위반으로 징역 10월(통산 300일) 목포형무소에 복역하고, 소화 15년 2월 27일 출옥. (2)소화 12년(1937) 9월 17일, 소화13년(1938) 4월 30일 검속. 소화 13년(1938) 5월 5일 송치 송치선(送致先), 목포지청 검사 분국으로 표기되어 있다. 조운의 기록에서 날짜 기록의 차이는 있지만 조운의 당시 상황을 판별하는 좋은 자료로 남고 있다.

관련된 사건들에 대한 당시의 신문보도를 살펴보아도 조운이 주동 인물로 부각되고 있음을 알 수 있다.

『동아일보』 1937년 9월 18일 자 2면 상단에 3단 기사로 "영광서, 긴장활동(緊張活動) / 모 단체관계 청년 십수 명을 검거 / 군, 면 서기도 수명 혼재(混在)"라는 제목으로 실린 다음과 같은 기사를 볼 수 있다.

> (영광지국전보) 영광경찰서에서는 17일 오전 5시 돌연 서원을 비상소집하여 가지고 모 단체 관계 간부들의 가택을 수색하는 동시에 관계자 십수 명을 검거하였다. 경찰당국은 이들의 이면에서 모종의 단서를 얻은 모양으로서 그 중에는 군 면서기 4, 5명이 섞여 있다고 한다.

『동아일보』 1938년 5월 8일 자 2면에서는, 4단 기사로 제목을 '영광공산당사건'이라고 특호활자를 뽑은 "조주현 등 23명 송국 / 검거 취조 백삼십여 명의 대사건 / 취조서류 1만 6천 장"이라는 어마어마한 내용의 기사를 접할 수 있다. 이 사건의 보도기사는 다음과 같다.

(목포) 작년 8월경 전남 영광군 내 모종의 비밀결사 사건을 탐지한 영광서에서는 극비밀리에 활동을 개시하여 모모청년을 대량적으로 검거한 후 이래 9개월 동안이나 엄중한 취조를 하여 오든바 지난달 5일 목포지청검사국 궁정(宮井) 사상검사가 영광서에 출장취조로 일단락을 마친 전기 사건은 지난 5일 공범 131명 중 주범 조주현(曺柱鉉, 39) 외 23명만 1건 서류와 함께 목포지청 검사분국으로 송치되어 목포형무소에 수감되었는 바 죄명은 치안유지법 위반, 내란죄, 폭력행위 등 취체에 관한 법률위반, 보안법위반, 육군형법위반 등 죄명으로 기소되었다하며 피의자들은 조주현 위계후를 지도자로 하여 동지를 규합하는 동시에 주의 선전에 암약하든 사건으로서 9개월 동안 취조 서류만 1만 6천 페이지에 달하고 증거 서류는 석유궤(石油櫃)으로 6개나 되는 근래에 보기 드문 대사상 사건이라 하여 세인의 주목을 이끌고 있다는데 이 사건이 직접 공판에 회부될련지는 그렇지 않으면 예심에 회부될지 여하는 16일까지 결정을 보리라고 하며 피의자의 성명은 다음과 같다.

피의자 조주현(39) 위계후(55) 이을호(29) 정진삼(34) 정욱(30) 정동석(36) 조규원(48) 남궁현(38) 신명철(29) 김용태(23) 나항문(29) 홍종식(25) 김대중(26) 임정섭(30) 노순영(27) 은찬옥(28) 임동원(33) 조남규(33) 한의석(36) 조병현(25) 정태병(23) 정판삼(31) 나원각(24) 김철주(38).

후일 조운은 영광유치원의 붕괴로 인한 재건 사업에 동참하고 영광민립중학교와 영광민립여자중 설립 당시 경찰에서나 신문에서는 조운을 주범으로 취급하였다. 그러나 이러한 사건의 대부분의 기록에는 조운보다 위계후를 주도 인물로 크게 부각시키고 있는데, 월북한 조운에 대한 의도적인 기록 변조 목적이 숨어 있었던 것인지도 모른다.

후일 조운은 이외에도 영광유치원 외 학교의 설립을 추진하기 위한 정주연학회(靜州硏學會)가 구성되자 회장으로 추대된다. 정주연학회가 주관이 되어 거군적인 조직으로 영광중학교 설립추진위원회를 발족시켜 추진위원회 회장에 정인수를 추대하고 교명을 영광민립중학교, 영광민립여자중학교라 하여 개설한다.

이러한 많은 일들을 조운은 오로지 영광을 위하여 헌신하였고 그것이 자신이 살아온 과정을 올바르게 이끌어 가는 방법으로 생각하였다. 조운이 행하여 온 모든 일들이 자신의 명에나 욕심보다 먼저 영광을 생각하고 있었음을 알 수 있는 행적이 많은 곳에서 발견하게 된다. 그렇기 때문에 조운은 자신의 운명을 가름하는 일에도 일고의 망설임 없이 참여하게 된다. 그것은 건국준비위원회에 발을 들여놓은 일이었다.

광복과 영광 건준 참여

해방이라는 엄청난 영광은 모든 백성들에게 환희였다. 이 환희를 조운은 놓칠 리 없었다. 무언가 영광을 위하여 또 헌신할 기회가 왔다고 생각했다.

영광군에서 발간한 『영광군지』(1994) 상권, 제4편 정치·행정편, 제1장 제1절 민족운동, 2항목 건국준비위원회편에서 다음과 같이 구체적 기술을 살필 수 있다.

> 1945년 8월 15일 조국광복과 함께 여운형이 위원장이고 안재홍 장덕수가 부위원장인 건국준비위원회가 발족된다. 영광에서도 건국준비위원회는 8월 16일 조직된다. 해방 당시 영광읍에 거주하는 지도급 인사와 지방유지, 그리고 사회활동에 참여하던 인사들이 해방 다음날인 8월 16일 천주교회에 모였다.
> 이날 천주교회의 모임은 해방의 축하와 해방 후의 장래에 관한 문제를 논의하기 위한 명분이었다. 100여 명의 인사가 모였다. 이 모임이 있

자 영광에 진주하고 있던 군 병력 중에서 1개 소대 병력이 출동하여 인근 국민학교에 주둔하면서 만약에 일어날 폭동에 대비태세를 취하고 했다.

이러한 분위기에서 천주교회에 모인 인사들은 일본이 항복한 후의 문제를 해결하기 위해서 건국준비위원회를 결성하였다. 이날 결성된 영광 건국준비위원회의 조직과 그 구성원은 다음과 같다.

위원장 : 조희충, 부위원장 : 조용남, 총무부장 : 조운, 선전부장 : 정영삼, 조직부장 : 정태송, 문화부장 : 이을호, 치안대장 : 정진삼.

조희충 위원장은 당시 57세의 한학자로서 3·1 만세운동 관련 혐의로 대구형무소에서 옥고를 치룬 덕망 있고 존경받는 인물이었다. 해방 직전에는 영광에 은거하고 있다가 건준위원장으로 추대되고 해방 후에 영광의 초대 군수를 역임한 인물이다.

부위원장인 조용남은 46세로 일본에서 대학을 졸업한 지식인이었다. 그는 ML당에 관계하여 수차례 투옥을 당한 공산당 간부였으며 이로 인해 해방 직전에는 건강이 좋지 않아 영광에 거주하다 건준의 부위원장이 되었다.

총무부장 조운은 당시 45세였으며 독학으로 공부하여 조선문단에 등단한 시조시인이었다. 그는 가람 이병기와 함께 문단 활동을 하면서 많은 작품을 남겼으며 사회운동에도 관여하여 해방 직후 영광 건준의 실질적인 지도자로서의 역할을 담당하였다.

그러나 해방 이후 공산주의자로 몰리게 됨에 따라 1949년 월북하였는데 주위에서 그를 지켜본 사람들은 조운은 공산주의자가 아니고 순수민족주의자라고 증언하고 있다.

선전부장인 정영삼은 해방 당시 영광군청 국민총력계에 근무하였으며 군민들에게 징병, 징용을 권유했던 말단 관리였다.

치안대장인 정진삼은 양정고보를 중퇴하였으며 해방 전 식량영단에 근무하였었다.

이러한 인사들로 구성된 영광 건국준비위원회는 조직이 완료되자 군청을 접수하여 군청에 건준 사무실을 두고 활동하였다. 정진삼이 이끌었던 치안대는 금융조합 2층에 사무실을 두고 치안대원 정태빈 등으로 하여금 해방 후 경찰서가 마비되자 치안업무를 담당케 하였다.

이 외에 적산관리 책임자로서 김택윤이 건준에서 활동하기도 하였다. 이러한 활동이 계속되는 가운데 1946년 초에 건준은 인민위원회로 바뀌고 인민위원회 위원장에는 김방오가 선출된다.

1945년 해방을 맞은 이 나라는 우후죽순 격으로 나타나는 많은 정치적 세력의 갈등과 미군정과의 타협과 불화, 일제의 마지막 횡포와 이간질 등이 난무하는 판국이었다. 여운형은 해방 이전에 이미 건국동맹이라는 지하조직을 8·15 해방과 더불어 건국준비위원회를 급속히 가동하여 기선을 잡는다.

그 이후 송진우와 갈등을 빚고, 후일 이승만의 한민당계에서 여운형을 좌익으로 몰아붙이는 등 공작이 치열했다. 이 무렵 한민당은 미군정하에서 사실상 여당 구실을 하고 있었다.

일본인들은 여운형과 그 일당을 공산주의자라고 고자질하고 한민당은 여운형과 안재홍을 친일파로 몰아세우고 허위 정보를 제공한다. 그해 10월 5일 미군정은 여운형이 설정한 인민공화국을 부인하는 성명을 낸다. 그리고 여운형을 사기꾼이라고 공격하고 비난했다. 정세는 좌우로 서서히 갈라지기 시작했다.

당시 하지 준장은 아무런 예비지식 없이 한국에 왔기 때문에 그의 판단은 친일세력의 요구 쪽으로 기울어 있었다. 일종의 헤게모니 싸움에서 여운형은 결국 물러서지 않을 수 없었다.

1945년 10월 13일 자 『자유신문』 기사를 요약하면 "하지가 여운형을 만나 보니 여운형이 듣던 것처럼 무뢰한이 아니라는 것을 발견하고 김성수, 송진우 등과 함께 미군정 최고 고문 11명 속에 포함시킨다. 여운형은 한민당 중심으로 고문단이 편성된 것을 알고 고문 승낙을 사양한다. 제대로의 구실을 할 수 없었을 것이라고 판단했기 때문이다. 그로부터 5일이 지난 10월 10일 군정장관 아놀드 소장의 인공 부인 성명이 나오고 그 성명에서 아놀드 장관은 여운형을 사기한으로 맹렬히 비난한다." 이 기사에서 보듯이 당시의 여운형이 주도한 건준은 후일 불온단체로 인정되어 설 땅을 잃고 만다.

조운이 속했던 건국준비위원회의 갈 길은 암담해진다. 정국은 극도의 좌우 대립 양상으로 치달았으며 남한 전체가 신탁통치에 찬반과 사상적 대결 상황으로 현실적 갈등이 고조되자, 건준에 속했던 인사는 공산주의자로 낙인찍히고 있었다.

좌우익의 정치적 대립 속에서 좌익이라는 딱지가 붙게 되고만 조운은 고향 땅에서 더 이상 버틸 수가 없게 된다. 마침내 1947년, 조운은 가족과 함께 향리 고향 땅 영광을 등지고 서울로 이주한다. 서울 이주 이후 한때 동국대에서 시조론과 문학강좌를 맡아 시간강사로 출강하기도 했다.

조남식은 「내가 만난 조운」(『영광문화(옥당문화)』 제14호, 2001)이란 글에서 당시의 시대적 상황을 다음과 같이 진술하고 있다.

> 1945년 8월 15일, 독자적인 입장에서 조선건국준비위원회 적색 전위 단체로 조직 결성, 동 단체를 모체로 1945년 9월 6일 소위 조선인민공화국 수립을 선포, 이는 곧 여운형 3일 천하 몽상조각이며, 세칭 벽보조각으로 끝난 것이다. 당시 이런 상황 하에서 그분은 어떤 행동을 취해야 미래의 삶을 영위할 것인가 하고 많은 고민에 쌓였을 것이다. 특히 가족들을 염려하지 않을 수 없었을 것이다. 당시 그분은 일단 단신으로 서울로 떠났다. 여기에서 그분의 운명이 결정된 것이다.

라고 하면서 후일 1947년 늦은 봄에 서울로 일가족이 이사를 갔다고 기록하고 있다. 그리고

> 건준이 수포로 끝나 버린 후 이승만 한독당 정부가 수립될 전망이어서 1946년~47년 사이에 당신보다는 가족을 위해 월북한 것으로 추정된다. 그분은 평소 가족을 너무 사랑하였기 때문에 월북을 택했을 것이다.

라고 표현하고 있다. 지역 발전에 공헌한 많은 업적에도 불구하고, 해방과 더불어 조선건국준비위원회의 결성에 참여함으로써, 자신의 입지가 어렵게 틀어져 고향을 등져야 했던 조운의 인간적 면모를 말하고 있다.

여기서 한 번 더 짚고 넘어가야 할 기록은 영광군에서 간행한 『영광군지』(1994) 상권에서 "조운은 해방 이후 공산주의자로 몰리게 됨에 따라 1949년 월북하였는데 주위에서 그를 지켜본 많은 사람들은

조운은 공산주의자가 아니고 순수민족주의자라고 증언하고 있다"라고 한 대목이다. 고향에 대한 남다른 애정과 민족주의자적 열정에서 비롯된 영광에서의 파란만장한 민족운동과 사회 활동. 단 한 번의 오판으로 빚어진 조운의 잘못된 행보가 자신의 운명을 돌이킬 수 없는 상황으로 몰아가기 시작한 계기가 되었다.

광대 신오위장

조운이 1929년에 잡지 『신생』에 집필한 「근대가요 대방가(大方家) 신오위장(申五衛將)」이라는 글에서 고창에서 출생한 광대 신오위장의 일생의 모습에서 훗날 조운의 모습이 그려지는 것은 우연일까. 조운도 신오위장처럼 또 다른 차원의 광대의 모습을 보이려 한 것이 아닐까.

이는 세상에 널리 알리어진 이가 아니라 그를 아는 이가 흔치 않으나 광대로는 고창(高敞) 신오위장을 모르는 이가 없나니, 그를 모르고 광대 되지 못하며 광대로는 그이를 모르게 되지 않기 때문입니다. 잘났든 못 났든 우리 민중의 품에 안기어 총애를 받았고 상기도 우리를 웃기고 울리고 하는 우리 예술적 소유로 오직 이것뿐인 광대의 소리 여섯 마당이 다 신오위장의 손을 거치어 오늘날의 것에 이르렀고 유행되는 속요의 중요한 것은 거의가 그이의 창작이며 유명한 광대의 대개는 선생의 지도와 비평을 받은 것이라 합니다. 근대에 있어서 이렇듯 위대한 공적을 우리

가요에 쌓은 대가 신오위장은 과연 어떠한 이인가.

　　　네 선생이 뉘라시냐 성관은 평상신씨
　　　있을 재 효도 자는 장적의 힘자시오
　　　일백 백 근원 원은 친구간의 자호로다
　　　뜰앞의 벽오동은 임신생의 동강라
　　　시호는 동리시니 너도 공부하랴이면
　　　가끔가끔 찾아오라

　임신생이라니 1백 17년 전입니다. 선생은 고창 태생이나 그의 부친은 서울 사람으로 17세에 낙향하였는데, 성혼만 하고 신행도 미처 아니한 신부가 따라 쫓아 내려왔더라는 것을 보면 그 집안의 시끄러웠음을 짐작하겠으며 선생의 유시(幼時)가 그리 넉넉하였으리라고는 생각되지 않습니다.

　　　의식지게 하노라고 불피풍푸 사십년에
　　　검은털이 희었으니

　한 노래를 들으면 젊어서는 살림이 무던히 고생한 것을 알 수 있으며 그 유지(遺趾)를 살필 때 말년에는 벼 천이나 했더라는 것을 믿을 수 있습니다.
　사십까지는 오로지 살림에만 애를 쓰다가 그게 좀 넉넉해짐을 따라 생을 무위에 붙이고 말아질 선생이 아닌지라, 나머지 30여 년은 가요의 연구, 창작, 비평으로 마쳤습니다.

　　　사나이로 조선 생겨 장상택에 못생기고
　　　활 잘쏘아 굉홍할까 글 잘한다 과거할까

　복받치는 하소연과 용솟음치는 마음의 물결을 노래에 붙여 펼친 것입니다.

선생의 박학은 놀라지 않을 수 없으며 더욱 음률에 정통하고 시문에 능하였습니다. 하나 선생의 스승은 누구인지 아는 이가 없습니다. 어려서는 그의 자친에게 친히 배웠다 하며 40 후 가요를 전문으로 연찬하면서는 거기서 한 4, 5십리 산으로 올라가, 숨은 대학자가 있어 그의 문을 자주 두드렸다 하나 그가 누구인줄 또한 알길 없습니다. 선생은 심사(深思)의 인(人)이며 명상의 인이었습니다. 사람을 대하여 담화할 때에는 늘 눈을 감고 앉았다 하며, 평생에 밤에 불을 켜두는 일이 없었고 방에는 돗자리를 깔고 벽은 검은 종이로 도배를 하였다 합니다.

"심사(深思)의 인(人)이며 명상의 인이었습니다. 사람을 대하여 담화할 때에는 늘 눈을 감고 앉았다 하며, 평생에 밤에 불을 켜두는 일이 없었고 방에는 돗자리를 깔고 벽은 검은 종이로 도배를 하였다 합니다."라는 신오위장 묘사 글 속에서 민족주의자였던 조운 자신의 검박하고 꿋꿋했던 삶의 자세와 모습을 유추해 볼 수도 있겠다.

영광을 위한 지도자적 열정이 자칫 그를 돌이킬 수 없는 상황으로 몰아가고 있었던 것이다. 조운이 걸어온 영광에서의 파란만장한 민족운동과 사회 활동은 그의 적극적인 인간애에서 비롯되고 고향에 대한 남다른 애정에서 행동한 것이 그 당시 사회적·정치적 물결의 흐름에 자칫 잘못 놓여진 발걸음으로 인해 그를 오판하는 계기가 되고 만 것이다.

제8장
가족과 연보, 기념사업회 추진

조운 탄생 102주년 기념식

가족관계, 연보

조운은 서기 1900년, 단기 4233년, 경자년(庚子年), 대한제국 광무(光武) 4년 음력 6월 26일 전라남도 영광군 영광면 도동리(道東里) 136번지에서 출생했다. 조운이 태어날 때의 본적지는 전라남도 영광군 영광면 비석리(碑石里) 1통 3반이었고 이 비석리가 백학리(白鶴里)로, 그리고 도동리로 이어진다.

아버지 조희섭(曺喜燮)과 광산 김씨(光山 金氏) 어머니의 장남으로 태어났다. 아버지는 오위장(五衛將)을 지낸 영광 아전의 대표적 인물이며 행정수완가로 알려졌다.

조운의 족보에는 자(子)를 중빈(重彬)으로 기재하고 있으며 본명은 주현(柱鉉)이다. 정주랑(靜州郞)이라는 필명을 『조선문단』 1927년 2월호(4권 2호) 등에서 사용한 적이 있다. 정주랑이라는 필명은 시조 「춘향이는」을 발표할 때, 같은 호에 평론 「병인년과 시조」를 동시에 발표하게 되자 급조한 필명인 듯하다.

　그의 호적에 의하면 "소화 15년, 서기 1940년 7월 20일 자로 광주지방법원 목포지청에서 주현(柱鉉)을 운(雲)으로 변경"한 기록이 있으며, 그 당시 일제의 창씨개명에 대한 집요한 탄압으로 말미암아 "소화 15년, 서기 1940년 7월 30일 자 수부(受附)로 하산(夏山)으로 전출(轉出)"이라는 기록을 찾을 수 있다. 그 후에 "조선 성씨 복구령에 의하야 복구, 단기 4279년(1946) 12월 24일 개정함"으로 기록되면서 다시 조주현으로 사용되고 있다.

　조운의 어머니는 기류층(妓流層) 출신으로 조씨 가문의 소실이었다. 아버지는 조운이 4살 때(1903. 12. 2) 여의었고 가세가 몹시 빈궁하여 어려운 어린 시절을 보냈다. 조운은 자신이 기생의 아들임을 숨기려 하거나 부끄러워하지도 않았고, 오히려 천민임을 강조하여 호를 백정(白丁)이라 부르기도 했다고 한다.

　아버지 조희섭에게는 본부인 김해 김씨 소생으로, 1893년 계사년(癸巳年) 8월 6일에 출생하여 1934년 갑술년(甲戌年) 5월 8일 사망한 병현(炳鉉)과 1898년 무술년(戊戌年) 2월 27일에 출생하여 1923년 계해년(癸亥年) 8월 1일 사망한 철현(喆鉉) 두 아들이 있었다. 조운에게는 이복형제들이다.

　조운의 어머니 광산 김씨로부터는 1남 6녀를 낳았다. 위로 누님이 4명이며 아래로 누이가 2명이다. 조운의 창녕 조씨 세보에 의하면 위로부터 매부 김성천(金性天, 김해인)과 결혼한 누님 조현승, 매부 이재희(李在禧, 광산인), 매부 이양호(李良浩, 전주인)와 결혼한 누님 조영모,

매부 위계후(魏啓厚, 장흥인)와 결혼한 누님 조영패(정), 아래로 매제 최학송(崔鶴松)과 결혼한 누이 조분려, 그리고 조금주가 있다.

조운은 1918년 1월 17일 19세에 동갑내기인 김공주(金公珠)와 결혼하여 다음 해 1월 6일 딸 옥형(玉馨)을 낳았으나 그해 5월 21일 딸의 죽음을 맞게 된다. 3·1 독립운동으로 인해 만주에서 피신 생활을 하다가 귀향한 다음 해 1922년 1월 10일 차녀 나나(邢邢)를 낳고, 1924년 11월 2일 김공주와 합의이혼을 하게 된다.

평소 활달한 성격의 조운이 무엇 때문에 이혼을 하게 되었는지에 대하여는 기록이 없다. 다만 가족에 대한 사랑이 지극했음을 여러 편의 시 작품에서 알 수 있다. 그의 시 작품에서 가족에 대한 사랑을 주제로 한 작품으로는 「어머니 回甲에」「아버지 얼굴」「曙海야 芬麗야」「어머니 얼굴」「딸을 안고」그리고 『현대조선문학선집』(북조선작가동맹, 1957)에 발표한 「딸의 글을 받고」(1938년 옥중에서) 등이 있다. 이 중 시조 「딸의 글을 받고」에는 1938년 영광체육단사건으로 인한 옥중 생활의 애절한 사연이 담겨 있다.

> 너도 꿈마다 꿈마다 나를 찾아온다 하니
> 오고 가는 길에 만날 법도 하건마는
> 둘이 다 바쁜 마음에 서로 몰라보는지
> 바람아 부지 말아 눈보라 치지 말아
> 어여쁜 우리 딸의 어리고 연한 꿈이
> 이 밤에 나를 찾아서 이백 리를 온단다.

가족 사랑에 대한 남다른 정감이 스민 작품으로 "어여쁜 우리 딸의 어리고 연한 꿈"에서 꿈마다 이백 리 길을 마다하지 않고 찾아오는 딸의 환영을 기대하는 옥중의 심경이 눈물겹게 표현되어 있다.

조운의 나이 29세인 1928년에는 1902년 출생인 2세 연하의 소학교 여선생 노함풍(魯咸豊)과 재혼한다. 주민등록 원본에는 1929년 4월 12일 혼인신고를 한 것으로 되어 있다. 노함풍과 사이에서 1929년에 장남 홍재(泓載)를 낳고 1931년 차남 청재(淸載), 1933년 3남 명재(溟載)를 낳는다.

도서출판 작가에서 출판한 『조운 시조집』(2000)의 연보에 1917년 영광보통학교를 졸업하고 공립목포상업학교 입학하였다는 조운의 학력에 관한 기록이 있다. 일제 강점기 때 5년제 목포상업학교의 전신인 3년제 목포상업전수학교가 1920년 6월 1일 개교되었고, 그 이전에 연제(年制) 미상의 또 다른 공립목포상업학교가 있었다.

조운이 입학한 학교는 바로 이 전수학교 이전의 공립목포상업학교를 뜻한다. 3년제 목포상업전수학교의 기록을 보면 학생들의 입학 전 학력이 모두 공립목포상업학교로 기재되어 있는 것으로 보아 조운이 입학한 이 학교는 2년제 고등보통학교인 것으로 추정된다. 이에 대해 조운 연구가인 한춘섭 시조시인은 「조운 시조시의 우수성」(『영광문학』 창간호, 2001)이라는 글에서 1917년 목포간이상업학교(2년제, 5년제 목포상고의 전신) 졸업이라고 밝히면서 다음과 같이 연보를 정리하고 있다.

1900년 음 6월 26일, 전남 영광군 영광읍 도동리 136에서 오위장(五衛將)이었던 부(父) 창녕 조씨 희섭, 모(母) 광산 김씨의 1남 6녀 중 위로 누나 4명, 밑으로 누이 2명 사이의 외아들로 태어남.
1903년 부친 별세(12월 12일)
1916년 영광보통학교 졸업
1817년 목포간이상업학교(2년제, 5년제 목포상고 전신) 졸업
1918년 1월 17일 동갑내기 김공주(1900년생)와 결혼
1919년 1월 6일, 장녀 옥형을 낳았으나 같은 해 병사
    3·1운동 시 영광독립만세 시위 주동으로 만주 땅 연해주(블라디보스토크)로 피신, 이때 최학송 만남
1921년 금강산, 해주, 개성, 고적지 유랑 탐승 후 귀향, 첫 자유시 「불살너 주오」 독자 투고 발표(『동아일보』)
1922년 중학 과정의 사립 영광중학원 설립 개교 후 교원 생활
    『자유예원』 문예서클 조직(등사판 문예지도 간행)
    무명 여교사 박경순(花城) 문예창작 지도
    차녀 나나 낳음
    시조동인회 '추인회' 창립 주도
1923년 영광 지역 문화 전반의 중심인물로서 판소리 복원, 문맹 퇴치에 앞장섬
1924년 「초승달이 재 넘을 때」 외 작품 발표로 문명 얻음(『조선문단』). 첫째 부인과 합의이혼
1925년 신병과 가난 속에서 시조시 창작 완성함
    「법성포 12경」(『조선문단』) 「한강소경」(『시대일보』) 「영호청조(暎湖淸調)」(『조선문단』), 첫 평문 「님에 대하여」(『조선문단』) 발표
1926년 프로문학과 맞선 국민문학 운동에 동조
1927년 서해, 가람 영광에 초청하여 문예창작 모임 주도
    누이 분려와 최학송 결혼(서울 조선문단사에서)
    시조 연간 총평 「병인년과 시조」(『조선문단』) 발표

1928년 영광보통학교에서 교편을 잡고 있던 2세 연하인 노함풍(1902
　　　년생)과 재혼
1929년 논문 「근대가요 대방가 신오위장」(『신생』) 발표
　　　장남 홍재 낳음
1931년 영광청년회 3대 회장으로 추대됨
　　　차남 청재 낳음
1932년 가람 집에서 고서, 시조집 빌려 가다
　　　『노산시조집』 출판기념식 참석
　　　서해 별세
1933년 영광금융조합 근무 시작
　　　3남 명재 낳음
　　　「병우를 두고」(『가톨릭 청년』) 발표
1934년 영광체육단 조직하고 총무로 임명됨. 갑술구락부 조직하여 회
　　　장 추대됨
　　　지역문화운동 주관(고서 전시, 소인극 공연, 무용 발표, 에스페
　　　란토 강습)
　　　서해 묘지 참배(가람 등과)
　　　「선죽교」 발표(『중앙』)
1935년 가람, 영광에 내왕하여 선운사 탐승
　　　누이 분려 병사
1937년 영광체육단 조작 사건으로 목포구치소 투옥됨
　　　「설창」 발표(『조광』)
1939년 예심 면소로 출옥됨
1940년 주위 사람의 도움을 받아 부부 동반으로 금강산 탐승
　　　「찬밤」 창작, 「고향하늘」(『문장』) 발표
1941년 조선식량영단 영광출장소 서무계장으로 근무
1942년 장시조시 「구룡폭포」 탈고
1945년 '정주연학회' 학술, 시조창작 연구 교원 서클 조직
　　　영광건국준비위원회 부회장 추대됨

조선문학가동맹에 동조함
1946년 조선문학가동맹 대회 참석 및 시 분과 중앙위원 위촉됨
1947년 가족 전체 서울로 이주
첫 시집 『조운 시조집』(조선사판) 간행
「석류」「고부 두성산」『연간시집』 발표
동국대 출간하여 가람, 조운, 남령 3인 공동 시조집 준비
「얼굴의 바다」(『문학평론』)「탈출」(『문학』) 발표
유진오 시집 『창』 서문 집필
1948년 북한 황해도 해주로 가족 전체 이주
윤곤강 평론집 『시와 진실』에 『조운 시조집』 서평 발표됨
1949년 장남도 뒤따라 월북
「금만경들」외 발표(『조선문학전집』 10)
1950년 한국전쟁 중에 북조선 종군 문인으로 서울 다녀감
3남, 해군 장교로 참전 중 전사
1951년 최고인민회의 제1서기 상임위원 추대됨
평양시로 거처 이전
1953년 조선인민예술학교 학장 임명됨
고전예술극장 연구실장
1954년 『조선구전 민요집』『조선 창작극집』 공동 편·저술함
1956년 숙청되어 협동농장으로 축출된(이태준 등과) 후 다시 면죄 복귀
1957년 『현대조선문학선집』에 시조시와 자유시 33편 게재
1960년 이후 신원, 소재 불명하나 1960년대 말까지 생존했을 것이란 간접 증언이 있음.
1977년 한춘섭의 「운, 조주현 시인론」 논문 발표됨(『시조문학』)
1988년 남한에서 월북작가 해금 조치 이루어짐
이 조치 후 끊임없이 조운 연구 논문과 연구 발표 있음
1990년 『조운 문학전집』(도서출판 남풍) 복증보판 발간 및 출판기념 강연회가 서울, 광주, 영광에서 개최됨
1991년 조운의 향리를 중심으로 추모 사업 계획이 추진됨

2000년 영광 한전문화회관 앞에 「석류」 시비 건립됨
『조운 시조집』(작가) 발간됨
2001년 『구룡폭포』(《우리 시대 현대시조 100인선》, 태학사) 발간됨

　이상이 시조시인 한춘섭이 정리한 조운의 연보인데, 북한에서의 행적까지 조사, 기록되어 있다. 조운은 모든 일에 적극적이며 성격이 원만한 편이었음을 많은 연구가들의 연구 기록에서도 구체적으로 나타나 있다.
　2000년 조운기념사업회 기획으로 출판사 작가에서 『조운 시조집』이 출간되었으며, '조운 탄생 100주년 기념사업행사'가 2000년 7월 21일부터 22일까지 2일간 영광에서 열렸다.
　조운의 성격은 모든 일에 적극적이며 원만한 편임을 많은 연구가들이 말하고 있다.
　정영애는 그의 학위 논문 「조운 시조 연구」에서 "그의 성격이나 인격은 원만한 편이었고, 특히 공부하는 후생들을 아끼고 그들을 지도하는 데에도 정성을 다했으며, 누구와도 적대관계를 맺은 적이 없을 뿐 아니라, 정치적 입장의 차이가 생긴 뒤에도 그를 미워한 사람도, 또 그가 미워하는 사람도 없었다는 느낌을 받았다고 정종은 밝히고 있다. 그가 미워하고 적개심을 갖는 대상은 일본인, 그중에서도 고등계 형사와 친일 한인이나 밀정뿐이었다. 그렇게 적산 가옥과 농토가 많았던 곡창지대 영광의 일본인들이 무사 귀환할 수 있었던 것도 음양으로 그 영향력이 결코 적지 않다고 봐야 할 것이다. 조운의 가정

은 가난하지만 무척 화목했던 것 같다."라고 지적을 통해 조운의 성격과 면모를 지적하고 있다.

독서회인 갑술구락부에서 조운을 항상 가까운 형님처럼 모시고 지냈던 이을호는 "조운은 주위에 사람을 구름처럼 모이게 하던 장자였다. 또 숱한 재담과 기지는 그의 서민적 품격을 나타내 주었으며, 그가 주위 사람들에게 남겨준 인격적 감화는 소위 세속에 물들지 않은 청순한 결백성에 있었다. 결코 자학하거나 자조하는 일이 없었고 어떠한 조직이나 단체에서든지 항상 지도적인 장자로서의 품위를 확보하고 있었다. 젊은 세대들이 그를 따른 것은 결국 나타나지 않는 장자의 강직함에 있었던 같다."고 극찬하고 있는데, 이를 통해서도 조운이 살아온 인간적 면모와 사회 활동 영역을 짐작할 수 있다.

조운 기념사업 추진과 그 결실

『영광신문』 2000년 6월 12일 자 '영광과 사람'에는 "조운 100주년 기념사업 총회"라는 제하에 "나두종 조운 탄생 100주년 기념사업 준비위원장은 10일 오후 5시에 정주새마을금고 2층에서 창립총회를 개최한다. 이번 총회에는 기념사업 추진에 동참하고자 하는 이들이 참여하여 기념사업을 이끌어 갈 위원장을 선출하며 추진할 사업 등을 논의하고 결성식을 갖는다."라는 기사가 실려 있다.

영광 사람들이 발기한 사업으로, 영광은 조운을 잊지 않았으며 조운이 다시 영광 땅에서 소생하고 있음을 입증해 주는 사업이다. 이어서 2000년 6월 19일 자 『영광신문』은 "조운 기념사업회 출범"이라는 큰 제목의 기사로 이를 상세히 보도하고 있다. 보도 내용은 다음과 같다.

월북시인 조운 선생에 대한 재조명 사업이 본격화되고 있다. 지난 10일 오후 5시, '시조시인 조운 탄생 100주년 기념사업준비위원회(위원장 나두종)'는 정주마을금고 2층 대강당에서 '조운 기념사업회 창립총회'를 열었다.

영광의 문인 단체들을 비롯해 이 지역 문화예술인, 전국의 향우회원 등 100여 명의 인사들이 참여한 가운데 열린 이날 총회에서는 기념사업회 정관 제정과 임원 선임, 기념사업회의 구체적 사업계획 및 예산 승인 등을 심의하며 조운 선생의 문학적 위업을 기리기 위한 첫발을 내디뎠다.

이날 회장직에는 준비위원장으로 활동해 온 나두종 씨가 선출되었고, 명예회장에는 소설가 송영 씨가 추대되는 한편, 부회장에는 정형택 전남시인협회장, 정장오 영광병원 이사장, 김경옥 기독병원 이사장, 김윤호 백두문학회장, 조삼상 광주보건환경연구소 소장 등 5인이 선출되었다. 또한 감사에 정설영 전 칠산문학회장이 선출되었으며 박용구 영광신문 편집국장이 사무국장을 맡게 되었다. 명예회장 송영 씨를 비롯해 김옥자, 오재숙, 허만희, 김광엽, 전갑태, 서민영, 정종욱, 조희장, 정기호, 김준성 씨 등이 이사에 선임되었고 상임고문으로 정종 동국대 명예교수가 위촉됐다. 그 외 고문, 지도위원, 자문위원, 운영위원 등의 임원은 집행위원회의 심의 후에 결정하여 추후 통지키로 하는 한편, 예산을 보다 합리적으로 운용하고 사업을 더욱 효율적으로 추진하기 위해 기념사업회를 조속히 비영리 사단 법인화할 것을 결의했다.

출범의 깃발을 올린 기념사업회에서는 선생의 탄생 100주년을 맞아 오는 7월 21일과 22일을 기해 전국 백일장 대회와 시비 건립, 100주년 기념세미나를 계획하는 한편 시집과 추모문집 발간을 추진하고 있어 조운 선생의 문학 정신과 시 세계, 그의 문단사적 위치 재조명에 필요한 사업들이 앞으로 더욱 활발하게 이루어질 것으로 보인다.

회장에 선출된 나두종 씨는 "분단의 아픔과 함께 금단의 과실처럼 거론할 수 없었던 그분의 문학 정신과 시 세계를 뒤늦게나마 고향의 후학들과 후배 문인들이 한마음 한뜻으로 기리고 재조명할 수 있게 된 것이 무엇보다 큰 의미가 있다"며 "탄생 100주년을 맞아 기념사업회에서는 조운 선생의 숭고한 문학 정신을 온전히 계승하는 데 최선의 노력을 다할 것이다"라고 밝혔다.

최남선, 이은상, 이병기 등 내로라하는 문인들을 능가하는 문학사적 위치를 지녔음에도 평가받지 못했던 조운의 정신과 시조세계, 그리고 그의 애국적 삶과 문학 정신의 진지한 성찰과 계승 작업들이 이 날 창립을 선언한 기념사업회의 중요한 몫으로 남게 되었다. 조운의 문학적 업적을 기리고 그의 평가를 재조명하려는 영광사람들의 노력과 함께 한 사람의 문학인에 대한 깊은 지역민들의 확고한 신념이 엿보이는 창립총회였다.

2000년 7월, 마침내 조운 기념사업회 기획으로 출판사 작가에서 『조운 시조집』이 출간되었으며, 조운 탄생 100주년 기념행사가 2000년 7월 21일부터 22일까지 2일간 영광에서 열렸다. 7월 21일에는 조운 문학 전국 백일장대회, 조운 시화전, 조운 시낭송회 및 노래발표회 등의 행사가 열렸으며, 영광 문학기행으로 조운의 생가와 수필가 조희관의 생가, 구름다리를 돌아보기도 했다. 7월 22일에는 100주년 기념 세미나, 『조운 시조집』 출판기념회 및 100주년 기념식 등과 함께 임종찬, 문병란, 한춘섭, 이근배 등의 주제 발표 및 강연이 이어졌다.

100주년 기념식 강연에서 한춘섭 시조시인은 "오늘, 민족문학을 위해 가슴 뜨거운 정열로 젊음을 바쳤던 그가 왜, 문학 활동에 폐쇄적인 사회에 스스로 달려갔었는지, 추측만이 앙금이 되어 남겨질 뿐입니다. 어차피 예술과 문화의 업적을 평가한다는 일이야 후세대들에 의해 엮어지는 겁니다. 하여, 영광의 대다수 지역 주민들의 정성과 사랑은 불 꺼지지 않은 채 '조운 탄생 추모사업'은 올해를 새 전환기로 하여 훗날 두고두고 잊을 길 없는 이곳의 자랑이 될 만한 고유 행사로 계승되기만을 바라겠습니다. 왜냐하면, 위대한 문인의 진정한 가치는 그가 태어난 곳에서 더욱 빛날 수 있기 때문입니다."(『영광신문』, 2000. 7. 31)라고 역설한바, 시조시인 조운이 남겨 놓은 업적에 대한 강한 찬사라고 할 것이다.

계획된 기념행사들은 대부분 예정대로 진행되었으나, 22일 행사로 예정되었던 조운의 시비(詩碑) 제막식은 끝내 열리지 못했다. 영광 교육청 청사 앞 화단에 시비 설치가 완료되어 22일의 제막식을 기다리고 있던 전야(前夜)에 문제가 발생했기 때문이었다. 21일 밤 9시경 영광군 교육청 측이 시비 기단부와 조경석을 무단 훼손·철거한 것이다. 특히 철거 과정에서 해체 작업에 항의하는 시비 건립 추진위원 정설영 씨가 경찰 10여 명에게 20여 분 동안 강제로 붙잡혀 있었다고 주장해 파문이 일기도 했다. 정 씨는 "무단 철거를 항의하는 나를 경찰이 20여 분 동안 강제로 제압하고 폭행을 가했다"고 주장하며 교육장의 우유부단한 행동에 배신감을 느낀다고 토로했다.

기념사업회 측이 발표한 바로는 "사전에 기념사업회와 교육장이 수차례 만나 협의한 후에 부지 선정을 결정, 시비를 세웠는데 뒤늦게 철거하는 이유를 이해할 수 없다"고 말하며 "교육장이 직접 경찰 병력의 비호 속에 포크레인을 동원, 기단과 조경수 등을 무단 훼손·철거했다"며 앞으로 일어나는 모든 문제에 대해서는 교육장이 책임을

져야 할 것이라고 말했다.

기념사업회 나두종 회장은 "시비 건립의 부지 선정 문제를 놓고 교육장과 수차례 논의를 거쳐 최종 결정했고, 기초공사 과정에서도 교육장이 직접 나서 현장을 진두지휘하는 등 각별한 관심을 보였었다."며 "이번 시비 훼손 사태는 여러 정황 등으로 비춰 볼 때 외부의 압력과 지시가 있었던 것이 분명하다"고 말하며 "기념일 당일 아침에 교육청 앞 도로를 파헤치는 등 조직적인 방해공작 세력이 있었다."는 의혹을 제기했다.

한편 이 사건과 관련해 기념사업회 측과 전남민족문화작가회의 등 4개 단체 및 장순하 씨를 비롯한 작가 10여 명은 22일 성명을 내고 "분단 이데올로기의 장막이 걷히고 있는 요즘, 조운 선생의 문학세계를 조명하는 것은 정부의 햇볕정책으로 상징되는 남북통일의 초석을 놓는 일인데도 이를 방해하는 것은 반이성적, 반문화적 행패"라며 관련자의 공개 사과와 해명 및 훼손된 시비의 원상복구를 촉구했다.

한편 조운 탄생 100주년 기념세미나와 시조 백일장 및 시낭송회, 『조운 시조집』 출판기념회와 100주년 기념식은 예정대로 열렸다. 조운 시비 제막식은 결국 민족이 안고 있는 한없는 한의 덩어리에 부딪친 것이다. 영광이 겪어온 수난의 역사에 대한 몸부림이 결국 조운의 시비 제막에 부딪치고 난 것이다.

이러한 불상사는 우리 민족과 영광이 겪어온 수난의 역사와 한의 몸부림이 결국 조운의 시비 제막식에 이르러 모습을 드러낸 것이라고 할 수 있다. 6·25 전쟁 중에 겪은 수많은 학살의 뼈아픈 쓰라림도 조운의 시비 앞에서 맞부딪쳤을 것이다. 이날 『영광신문』은 사설에서 "분단 50년이 지난 지금에도 좌우익 이념 문제가 6·25를 피나게 겪으면서 상처를 입은 모든 분들의 정신적인 문제가 해소되질 않았고 또한 법적으로도 정리되질 않았다는 것을 새삼스럽게 깨닫게 한 것이다."라고 했다.

그러면서 "월북시인이라는 굴레가 아직도 우리 사회에서 우리 지역에서 쉽게 풀리지 않는 고리를 걸고 있음은 우리 시대가 안고 있는 비극이다."라고 지적함으로써 이러한 비극적인 역사의 찌꺼기를 후세대는 하루빨리 벗어나는 시대적 전환이 필요하다고 주장했다.

그 후 『영광신문』은 같은 해 8월 7일 자 "남과 북도 화해를 모색하고 있다"라는 제목의 사설에서 다음과 같이 논술하고 있다.

> 조운 시비가 교육청 앞에 모습을 드러내자 이를 반대하는 단체에서 철거를 주장하면서 일어나기 시작한 사상 논쟁 때문에 6·25전쟁으로 피해를 입은 유가족들의 아픈 상처를 건드려 생각조차 하기 싫은 과거 문제를 재론하게 되었다.
>
> 이 때문에 당초 22일 가질 예정이었던 제막식은 무산되었고 기념사업회와 이를 반대하는 단체 간에 감정적 표현이 오가는 현실에 직면하면서 상이군경회를 비롯한 우익단체들이 항의집회를 추진하기에 이르기도 하였다. 그러나 지역의 지도자들이 지역민들 간에 과거사로 인한 충돌은 피해야 한다며 중재에 나서 교육청 앞에 있던 시비는 영광읍 칠거리로 옮기는 공사를 시작하고, 6일로 예정되었던 항의집회도 취소하여 조운 시비로 인한 지역민들 간의 표면적 갈등이 해소된 반가운 소식을 접했다.

조운이 일제하에서 향리 영광의 많은 지역 문제를 해결했듯이 오늘날의 이 지역 사람들 역시 대립적인 감정을 원만하게 해결하여, 시비는 칠거리 영광민들이 가장 많이 다니는 곳으로 옮겨 세워졌다.

시비 제막식 사건 이후, 2001년 태학사에서 '우리 시대 현대시조 100인선'으로 『구룡폭포』가 출간되었다. 이와 함께 2001년 7월 21일 영광 영빈타운에서 조운 기념사업회 주최로 조운 선생 탄생 101주년 기념식 및 추모의 밤을 가졌다.

2002년 7월 20일에는 한전문화회관에서 조운 기념사업회 주최 '조운 선생 탄생 102주년 기념식'과 문학평론가 조병무, 소설가 천승세의 기념강연이 있었다. 조운 기념사업회는 조운 탄생 100주년을 기해서 매년 조운을 기리는 기념식을 영광에서 거행되고 있는데, 이는 우리 시조문학을 위해서나 영광의 전통과 정신을 위해서도 바람직한 일이다.

영광 땅에서 자라나 영광을 위하여 온몸을 불사르며 살아왔지만 끝내 향리 영광으로 돌아오지 못한 채 해방 공간에서 탈출해 버렸던 조운. 그는 이제야 조선의 혼으로 돌아왔다. 그의 업적이 앞으로 어떻게 어떤 모양으로 부각되는지는 더 두고 보아야 할 일이다.

결론을 대신하여, 조운 시조시인의 작품을 집약적으로 평가한 임종찬의 글을 소개하고자 한다.

> 조운은 향토를 지키면서 향토를 위하여 할 수 있는 일, 조국을 위하여 기여할 수 있는 일은 다름 아닌 민족혼의 고취임을 깨달았다. 그는 민족혼의 고취를 위하여 자신의 지성을 다 쏟았는데, 시조창작을 통한 의식

의 전파도 민족혼의 고취 측면에서 행해진 것이다. 첫째로 조운 시조는 시인 자신의 직접적 생활 체험을 시조화한 경우가 상당히 많고, 그것도 상황 전개를 명료하게 시각화시켜 제시하고 있다는 점이다. 이것의 실현으로는 먼저, 시인 자신의 개별적 체험이긴 해도 공감이 큰 한국인의 보편적 경험 세계를 시조에 접맥시켰다. 다음으로 토속어의 활용과 풍속을 통한 공명감의 확대를 꾀하였다.

―「조운 시조와 민족정신」, 『영광문학』 창간호, 2001

시조야말로 우리 민족이 지닌 정신적 모체임을 입증한 조운. 그의 시조문학이 지니는 진솔한 성과에 대하여 더 많은 연구가 이루어지기를 바라면서 『조운 평전』을 마감한다.

제9장
국내 미수록 작품 17편 발굴

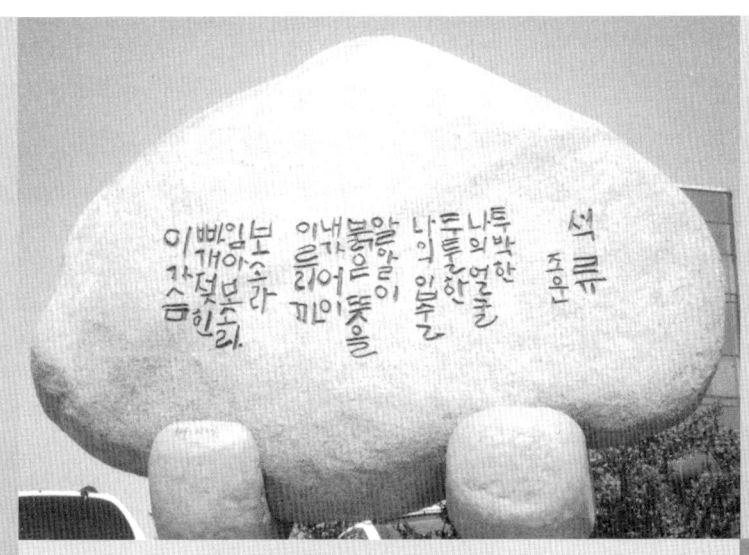

영광 한전문화회관 앞에 세워진 조운 시비

다음에 소개하는 시조와 자유시 작품들은 조운이 북으로 간 이후 북한에서 1957년 북조선작가동맹이 편찬한 『현대조선문학선집』 2권과 북한의 문학예술종합출판사에서 1992년 12월 30일에 발간한 『현대조선문학선집』 영인본(연문사, 2000)에 수록된 작품들 중 아직 알려지지 않은 17편이다. 우리나라에서 지금까지 간행된 조운의 작품집은 도서출판 조선사의 『조운 시조집』(1947), 도서출판 남풍의 『조운 문학전집』(1990)과 도서출판 작가의 『조운 시조집』(2000), 도서출판 태학사의 『구룡폭포』(우리 시대 현대시조 100인선 5, 2001) 등인데, 여기에는 수록되지 않은 작품 17편을 새로 소개함으로써 조운 연구에 새로운 활력이 되리라고 생각한다.

북에서 펴낸 작품집을 살펴보면, 조운은 북한으로 가던 당시에 자신의 시작 노트를 지참하였을 것으로 추정된다. 왜냐하면 그가 북행하기 직전인 1947년에 간행한 『조운 시조집』에 실린 작품들과 북한에서 발행된 『현대조선문학선집』 1957년도 판의 작품 33편, 1992년도 판인 『현대조선문학선집』에 실린 29편이 중복되거나 제목만 다른 작품으로 발표되었기 때문이다. 따라서 그의 시작 노트에서 임의로 선택하여 출판되었을 것으로 짐작할 수 있다.

우리나라에서 간행된 조운의 작품집들에 수록되지 않아 이번에 처음 공개되는 작품 17편은 다음과 같다.

『현대조선문학선집』(북조선작가동맹 편, 1957)
수록작

습작

태산을 넘어 넘어 풍랑을 헤치면서
님 위해 일하건만 님이 나를 아시는지
님이야 아시던 마던 할 일이니 하리라.

(1918)

• 평설

　님은 누구일까. 조운이 영광 땅에서 살아온 일상의 정신적인 덕목이 엿보이는 작품이다. "태산을 넘어 넘어 풍랑을 헤치면서" 그 풍랑은 무엇일까. 조국이 남의 나라에 빼앗겨 있는 상황에서 어떤 일이 닥치더라도 "풍랑"을 헤치며 살아야 한다는 각오가 나타난다. "님을 위해 일하건만 님이 나를 아시는지" 나라 위해 평소에 일해온 끈질긴 집념의 정신을 "님", 조국이 알아줄까. 안타까운 심정이 절실하게 보이는 작품이다. 이러한 풍랑 속에서 시인은 "님이야 아시던 마던 할 일이니 하리라"라는 민족의 독립과 민족의 자긍심을 일깨워 주는 굳은 신념과 정신을 엿보게 한다.

그림

우는 애 달래려고 한 송이 꽃 그려 주니

아이는 내던지며 향내 없다 보채누나

아이야 기다렸으라 내 나도록 그리리.

(1923)

• 평설

　한 폭의 그림에서 향내를 내다보려는 시인의 발상이 퍽 재미있다. "아이는 내던지며 향내 없다 보채누나" 이 향내는 무엇일까. 암시적·묵시적 은유의 절실함이 깃들어 있다. 어쩌면 향내를 그리워하고 기다리는 대상은 아이라는 암시적 시어를 노출시켰으나 시대적 상황으로 볼 때 암울한 민족의 기다림이 절실하고 간절하게 가슴을 울려준다. 이러한 해석은 조운 시인이 영광 땅에서 행한 많은 일들이 암시적 민족 운동이었다는데 중점을 두고 보아야 한다. 이 작품의 "아이"와 "향내"는 민족 전체가 바라고 기다려지는 절실함이었다.

란초잎

쌓인 눈 파헤치여 란초잎을 내놓고는
빨간 손 호호 불며 들여다보는 아이
두 손을 모두어 쥐고 불어 주고 싶구나

• 평설

 란초와 아이의 아름다운 전경이 보인다. 란초잎을 눈 속에서 파헤쳐 보이는 아이의 천진함과 함께 "두 손을 모두어 쥐고 불어 주고 싶"은 심정의 풍광이 멋스러워 보인다. 시인의 많은 작품 가운데 꽃에 관한 시조가 많다. 특히 꽃에서 아름다움은 물론 대상과 대상과의 정감 어린 미소와 사랑이 엿보이는 세계를 그려 보여준다. 사랑이란 무엇일까. 차가워진 아이의 손을 모두어 쥐고 불어주고 싶은 상호간의 절절한 애정의 미소가 깃들어 있다. 눈을 파헤쳐 찾아낸 란초의 아름다움과 차가워진 손을 호호 불고 있는 아이의 모습과 함께 불어주고 싶은 사랑과 미소와 아름다움이 깃든 멋스러운 전경이 은은하게 느껴진다.

찬 밥

찬 마루 배기는 뼈 옆사람이 어려워서

돌아도 잘 못 눕고 자다 보면 그저 그 밤

철창에 파아란 서리만 반짝이고 있고나.

(1939)

• 평설

영광체육단 조작 사건으로 철창 속에서 살아가는 하루하루 고달픈 찬밥의 신세, 뒤척이며 잠들다 보면 철창 속의 자신을 바라보고 깊은 생각에 잠긴다. 오늘도 내일도 똑같은 철장 속의 생활이 언제나 그 밤의 모습에서 그래도 시인의 마음의 모서리에 나타나는 "철창의 파아란 서리"는 반짝이고 있음을 본다.

눈 오고 개인 볕이

눈 오고 개인 볕이 터지거라 비친 창에
락수물 떨어지는 그림자 지나가고
외지끈 고드름 지는 소리 가끔 맘을 설레네.

(1934)

• 평설

　서해 가고 없는 텅 빈 마음을 달래느라 스스로 시인의 주변을 돌아보다가 '눈 오고 볕' 비친 창에 무엇을 보았을까. 가슴을 쥐어 짜는 '락수물 떨어지는' 그곳에 지나가는 '그림자'는 누구인가. 환상으로 자신을 스치는 안타까운 마음을 달래볼 수 없는 설레는 이 순간을 퍽 안타까운 심정으로 그리워지는 작품이다.

딸의 글을 받고

너도 꿈마다 꿈마다 나를 찾아온다 하니

오고 가는 길에 만날 법도 하건마는

둘이 다 바쁜 마음에 서로 몰라 보는지

바람아 부지 말아 눈보라 치지 말아

어여쁜 우리 딸의 어리고 연한 꿈이

이 밤에 나를 찾아서 이백 리를 온단다.

(1938, 옥중에서)

• 평설

 영광체육단 조작 사건으로 옥중에서 시인이 딸 나나를 그리워하고 있는 애절한 심정을 볼 수 있다. "바람아 부지 말아 눈보라 치지 말아"라고 기원하는 심정은 평소 딸에 대한 강한 집착과 사랑의 심정이 가득 차 있음을 읽을 수 있다. "이 밤에 나를 찾아서 이백 리를 온단다"고 기대하고 기다리는 심정은 어떠할까. 시인의 가족에 대한 정감을 읽을 수 있다.

추석 장날

대추를 사자거니 고무신을 사자거니
조르는 어린 것을 쿡 질러 때려 놓고
지어서 위엄을 부리는 어머니의 눈시울.

• 평설

 추석 장날의 시장 풍광을 소묘하고 있다. 추석을 앞선 장날은 명절을 맞이하는 서민의 애환이 있고 그들의 생활의 일면을 엿볼 수 있다. "고무신을 사자거니" "조르는 어린 것을 쿡 질러 때려 놓고" "지어서 위엄을 부리는 어머니의 눈시울"에서 어려운 생활의 한 단면을 엿볼 수 있다. 특히 "어머니의 눈시울"에서 잔잔한 울먹임이 마음을 적신다.

갈매기

갈매기 갈매기처럼 허옇게 무리지어

마음대로 주얼여 보았으면,

파아란 물결을 치며 훨훨 날아도 보고.

• 평설

하늘을 훨훨 날아오르는 갈매기들의 무리에서 그들의 자유로운 모습을 볼 수 있고, 파아란 하늘을 배경하여 마음대로 주얼여 보는 갈매기들의 자유로움 물결에서 시인 역시 하늘을 마음대로 나르고 싶은 심정으로 돌아가고 있음을 본다. 한 편의 자유로움을 그리면서 먼 하늘을 날아 본다.

불난 나발

나는 코코수다

새로 뽑힌 한 적은 코코수

불이 벌겋게 댕겨

하는 소리에 뛰여 나왔다

이 불난 나발에

째를 찾아 가락을 나무라지 말아

아직은 선둥이 그마자 잠결이니

이웃사람을 깨우기에 넉넉하면 고만이다.

『신민』, 1925. 9)

• 평설

　코코스 야자나무에 핀 꽃이 불난 나발로 "불이 벌겋게 댕겨" 소리를 지른다. 코코스(Cocos nucifera), 야자수의 꽃잎이 시인의 마음에 서정의 불을 지펴 빨갛게 타오르는 "소리에 뛰여 나"오는 전경은 불을 본 듯 환하게 다가온다. 하편의 자연의 나무에서 붉은 불빛을 바라보고 불꽃이 오르는 소리에 뛰쳐나오는 시인의 심성은 그야말로 환하게 타오르는 불꽃보다 더 깊은 정서의 꽃이 피고 있다.

철창으로 내다보이는 하늘

철창 틈으로 내다보이는 먼 하늘

네가 나를 기쁘게 하는고나

아— 조선의 얼굴이여

나의 마음 가는 곳이여

자나 되는 돌벽이 북판같이 울리네

쉬임이 없는 이 소리

한땐들 잊고 잠이 들오리

아— 조선의 호흡(呼吸)이여

창(窓)을 막으렴

벽을 겹겹이 쌓으려무나

나라를 떠난 만리 이역에

천(千)길 파고 묻으려무나

어느 물이 깊고 넓으냐

돌 안기여 풍덩실

이 몸을 던지려무나

내가 지닌 정(情)이냐

어쩐들! 어쩌리……

• 평설

 옥중 생활에서 나라에 대한 간곡한 정성과 사랑을 호소력 있게 그려 내고 있다. '철창 틈'으로 보이는 조국의 하늘, 자신은 철창 속의 한 많은 신세이지만 조국의 푸른 하늘에서 "조선의 호흡"을 감지하고 조국의 땅에서 울리는 소리에 스스로 정감을 느끼는 시인은 이 몸을 조국 산야에 던지고 싶은 강한 전신을 그려 내고 있다.

이 세기(世紀)의 시인아

붓을 단단히 쥐여라

마치를 쥐듯 힘껏 쥐여라

이쑤시개 들 듯 들 테면

차라리 아편 침대를 들어라

오는 뒷날에 들었던 붓을

기운껏 팽개칠 때가 있으리니

그것을 위하여 또한 그 때를 위하여

기운껏 기운껏 붓대를 쥐여라

아— 시인아 이 세기의 시인아

너희는 또 때를 알지?

또한 그 때에는

무엇이 너희 손에 잡힐지도……

창을 던지고 붓대를 다시 쥘 때

그제야 우리는 우리의 노래를

마음껏 읊을 수 있으리라

그 때를 위하여

기운껏 기운껏 붓대를 쥐여라

• 평설

이 세기에 살아가는 시인에게 절규하는 목소리가 가슴 아프게 들려온다. 아무리 어려운 치욕의 상태가 오더라도 "붓을 단단히 쥐여라"고 외치는 저 목소리는 조국의 하늘에 가득 차 흐르고 있다. "창을 던지고 붓대를 다시 쥘 때" 이 민족의 노래를 마음껏 외칠 수 있는 "그 때를 위하여" "붓대를 쥐여라"고 부르짖는다. 이 얼마나 가슴 아픈 나라 잃은 슬픈 절규인가.

설음

자네도 서러우리
부르기 싫은 노래를
매에 못 이겨 부르는
자네도 서러우리만
나는 더 서러우리
노래하고 싶은 노래를
노래하지 못하는
나는 더욱도 서러워!

• 평설

　"부르기 싫은 노래를 / 매에 못 이겨 부르는" 설움은 어떠했을까. 일제의 억압에 의해 불러야 했을 일제의 찬양 노래, 시대적인 고뇌와 서러움을 시인은 "설음"으로 말하고 있다. 특히 "노래하고 싶은 노래를 / 노래하지 못하는" 그 서러움은 민족의 한숨이요, 민족의 한이었으리. 식민지의 설움이 어떠했는가를 짐작하는 작품이다.

한 줄의 소리마저

자네의 갈 길이
바쁘고 먼 줄은 내가 알거던
굳이 잡을 줄이야!
허나
오늘이 초여드레
달이 있으리니
이 한 줄기 소리마저
듣고 가게나

• 평설

 이 작품에서 자네는 누구일까. 경의전 부속병원에서 위 수술을 받았으나 1932년 7월 9일 경과가 악화되어 33세로 요절한 서해가 아닐까. 두 사람의 깊은 우정이 결국 '초여드레' 달 있는 날 바쁘고 먼 길을 가 버린 서해에 대한 마음이 "이 한 줄기 소리마저 / 듣고 가게나" 하고 시인은 이 작품을 바치며 소리 없이 눈물 흘리는 모습이 선해진다.

『민성(民聲)』(1948) 수록작

靑春은커녕

이젠 막우 한번 살아보자! 외치다가
펄석 주저앉어 땅바닥을 두들었다
靑春이 간 내 靑春이 아까웠다 말이다
당장만 녀겼더니 지긋지긋한 三年일다
콩가루 죽일망정 먹으명 떠메기명
제집에 이설을 쇠는이 그몇이나 되느뇨
아— 으 靑春은커녕 白首도 아낄 나우없다
自由냐 죽엄이냐 자진고패치는 꼬드막에털보다
헌신짝보다 이목숨이 자볍다.

(1947)

• 평설

　시인의 청춘에 대한 외침은 무엇일까. 보람으로 많은 헌신적인 일들을 해 온 그에게 청춘을 "아까웠다" 외쳐야 되는 상황이 무엇이었을까. 그리고 "펄석 주저앉아 땅바닥을 두들"겨야 하는 조운의 시대적인 상황은 그에게 닥친 어둠이 아닐까. 고향을 등지고 떠나야 하는 조운은 자신이 살아온 청춘이 되새겨지고 무한한 삶의 언저리가 자신을 괴롭히고 있었을 것이다. 이 작품을 쓴 1947년이면 시인이 고향을 떠나게 되는 시기였음을 안타까워한다.

『신조선(新朝鮮)』(노농사, 19XX) 수록작

落花岩

落花岩에 지는 宮女 하나씩 안고 못지더냐
唐兵 三千이면 泗沘水로 매였을라
아무리 울며울며 진다 막아낼 줄 있으리

• 평설

낙화암과 삼천궁녀의 슬픈 역사의 한 매듭을 노래한다. 서기 660년(백제 의자왕 20) 백제가 나당연합군(羅唐聯合軍)의 침공으로 함락되자 궁녀 3,000여 명이 백마강(白馬江) 바위 위에서 투신하여 죽었다고 한다. 그 바위를 사람들이 낙화암이라고 불렀는데, 시인의 영감에는 지금의 시대가 처한 이 나라를 위한 또 다른 마음의 아픔을 말하고자 했으리라.

論介

泗沘水에 宮女 三千이 落花처럼 진 百濟는

扶蘇山 흙속에 火米만을 남겼건만

論介는 倭將을 안고 南江에가 드니라

• 평설

　조선 선조 때의 관기 논개는 임진왜란 때 제2차 진주성 전투에서 왜장을 꾀어내어 그를 끌어안고 남강에 투신한다. 시인이 이러한 소재를 작품으로 남긴 것은 현재 처해 있는 시대적 상황을 안타깝게 생각하고 있으며 낙화암의 삼천궁녀와 논개의 죽음이 헛되지 않았음을 묵시적으로 알리고 싶었을 것이다.

『현대조선문학선집 15권-1920년대 시선(3)』
(문학예술종합출판사, 1992) 수록작

기대야 70년

슬픈 노래를 가장 많이 기억하나니

그래도 이 몸이 이리 부지하는 게 이적이건과

쓰리네 아프네 설음이 괴로워

죽음을 애써 사는 것은 내 몰을 짓이드고?

언젠지 한번은 지고만말 이파리

만년이요 10만년이라도

무한한 세월 앞에는

극히 짧은 동안인 것을……

기대야 70년 짧으면 이레안

쓰리면 얼마나 네 쓰릴 테냐

아무리 사나운 꿈자리라도 동트면 깨나니

어디! 두고 보자

(『신민』, 1926. 12)

• 평설

　왜 슬픈 노래를 가장 많이 기억해야 할까. 쓰라린 가슴을 쓸어안고 "쓰리네 아프네 설음이 괴로워" 해야 할까. 이 작품을 쓴 1926년이면 영광에서 문학 활동을 가장 활발하게 하고 있을 무렵이다. 그러나 일제의 식민지에서의 활동이란 마음대로 될 리 없다. 시인은 이러한 당시의 시대와 함께 "슬픈 노래를 가장 많이 기억하나니" 하고 슬픔 속에서 작품을 남겨야 하는 심정의 애달픔을 이겨내지 못하고 있는 실정이다. 그래서 시인은 "아무리 사나운 꿈자리라도 동트면 깨나니"라고 지금의 시대적인 고난을 이겨내면 동이 트고 깨어나니 후일을 위해 "어디! 두고 보자"라고 큰 각오와 포부를 노래한다.

　북에서 간행된 작품집에 실린 작품들을 살펴보면 몇 가지 특이한 점이 있다. 도서출판 남풍에서 간행한 『조운 문학전집』(1990)에 수록된 「어머니의 회갑」은 총 3연의 시조인데 2연으로 둘째 연을 삭제하고 있으며 1연과 3연의 내용이 비슷하다. 또한 「돌아다 뵈는 길」=「병든 벗」, 「고행(苦行)」=「기다리기」, 「제가(題家)」=「우리집」, 「X月X日」=「실직」, 「구룡폭포」=「구룡연」, 「앵무」=「앵무새」, 「아침예배」=「아침맞이」로 제목만 바꾸어 게재한 작품들도 다수 보인다.

　그리고 「병든 벗」 「란초잎」 「채송화」 「별」 「고향하늘」 「풍남루」 「그이의 꿈속에」 「나의 별」 등에서는 행간의 부분적인 단어 수정이 있음을 볼 수 있으며, 작품 「봄비」는 제목은 같으나 내용은 전혀 다른 작품이다.

　위의 미공개 작품에서 볼 수 있듯이 조운의 시 세계는 그가 북으로 갔다고 해서 특별히 달라진 내용은 없는 것 같다. 흔히들 추측하듯 북한을 찬양하거나 옹립하는 내용은 찾아보기 어렵다. 시조와 자유시 형식의 작품으로 연도 표기가 1910년대에서 1930년대로 되어 있는 작품들은 그가 북한으로 가기 전에 쓴 시작 노트에 담긴 작품으로 보아야 한다.

조운의 대표작품 10선

석류(石榴)

투박한 나의 얼굴
두툴한 나의 입술

알알이 붉은 뜻을
내가 어이 이르리까

보소라 임아 보소라
빠개 젖힌
이 가슴.

• 평설

　이 작품 속의 시적 화자는 관조와 교감의 대상으로 석류와 마주하지 않고 자연에 몰입된 물아일체의 경지에 존재한다. 곧 '나'와 '석류'는 한 몸으로 주객이 사라진 합일의 실체로 거듭난다. 여기에 시적 화자에 조응적인 대상으로 '임'이 존재한다. "알알이 붉은 뜻"은 조운의 시적 상상력이 창조해낸 또 다른 자연의 생명력이다. 이 창조물은 곧 시적 화자가 체득한 '참'이며 '진리'의 실체로 환치된다. 여기에서 참과 진리는 '사랑, 사랑하는 마음'으로 감성화된다. 시적 화자는 '임'을 향해 참과 진리(사랑) 그 자체가 존재하는 "가슴을 빠개 젖혀" 보여주고 있다.(정영애) "투박한 나의 얼굴"과 "두툴한 나의 입술"은 '석류'의 외형적 모습이면서 화려하지 않은 평민으로서의 시적 자아, 더 구체적으로는 나라 잃은 서러움과 고통 속에서 오랜 세월을 견디어 온 평민으로서의 개인적 비애가 점철된 시적 자아의 한 맺힌 모습이다.(오봉옥)

구룡폭포(九龍瀑布)

사람이 몇 生이니 닦아야 물이 되며 몇 劫이나 轉化해야 금강에
물이 되나! 금강에 물이 되나!

샘도 江도 바다도 말고 玉流 水簾 眞珠潭과 萬瀑洞 다 그만 두고
구름 비 눈과 서리 비로봉 새벽안개 풀 끝에 이슬 되어 구슬구슬
맺혔다가 連珠八潭 함께 흘러

九龍淵 天尺絶山崖에 한번 굴러 보느냐.

• 평설

   이 시는 종합적으로 살펴볼 때에 "물이 된다"는 말을 핵심적인 것으로 삼고 있음을 확인할 수 있다. 그런데 물이 된다는 것은 문자 그대로인 상태에서 의미가 잘 전달되지 않는 이상 아주 깊은 의미를 담고 있다고 보아야 한다. 이 시에서 음(陰)의 세계에서 물이 되고(구름, 비, 눈, 서리, 안개), 음의 세계를 넘어서 물이 되고(이슬), 그것이 다시 天涯絶壁에서 굴러 떨어지는 역동적인 물(폭포)이 된다. 음의 세계에서의 물은 어둡고 무거우며 차가운 현실을 상징하고, 음의 세계를 넘어선 상태에서의 물(이슬)은 자기 승화를 이루는 상태를 의미하고, 역동적인 물(폭포)은 자기희생과 함께 열리는 새 세상의 의미를 가지고 있다. (오봉옥)

구룡폭포를 대하는 순간 숨이 막힐 듯한 장엄함을 마주한다. 세상의 온갖 소리와 풍경을 한순간에 통일시키며 직하하는 폭포의 물줄기 앞에서 화자는 인간의 '몇 生'이나 '몇 劫'과 같은 장구한 시간마저 일순간에 소멸되고 무화되며, 자연과 인간이 하나가 되는 주객일여(主客一如)를 체험한다. 이 시가 갖는 묘미는 구룡폭포 앞에서 미약한 존재일 수밖에 없는 인간이 비록 "샘도 강도 바다도" 아닐지라도 "풀 끝의 이슬"만으로라도 구룡폭포와 더불어 "한 번" 굴러보고 싶다는 강렬한 열망을 드러내는 데 있다.(김춘섭)

고매(古梅)

梅花 늙은 등걸
성글고 거친 가지

꽃도 드문드문
여기 하나
저기 둘씩

허울 다 털어 버리고
남을 것만 남은 듯.

• 평설

　매화는 우리 선조들이 즐겨 쓰던 시의 소재였다. 그러나 조운은 일반적인 매화의 상징성인 지조와 절개 등의 관념을 쓰지 않고, 매화의 외양을 개관적으로 묘사하였다. 소재의 대상성 그 자체에 초점을 맞추고 시인의 감정을 투여하지 않는 묘사 방식은 시조에서는 드문 것이었다.(조창환) 초장과 중장에서는 매화의 외양을 묘사하였으나, 중장에 와서 자신의 감정을 매화에 투영하여 허울 다 털어버리고 남을 것만 남듯, 늙은 등걸에 꽃이 여기 하나, 저기 둘 피었다고 하였다. 마치 자신의 인생을 되돌아보는 듯한 표현이다.(정영애) 1연의 "늙은 등걸", "성글고 거친 가지"의 이미지와 2연에서의 '드문드문' 피어 있는 '꽃'의 이미지는 처량함을 느끼게 한다. 이 처량함이 3연에 가서는 "허울 다 털어 버리고 / 남을 것만 남은 듯" 하다는 자기 연민과 자기 위안, 그리고 그런 차원을 뛰어 넘어 비장한 결의를 하고 있는 듯한 모습을 확대·심화된다. 우리는 이러한 목소리 속에서 화자가 자신의 삶을 제재에 투영시켜 노래하고 있음을 느끼게 되는 것이다.(오봉옥)

해불암 낙조(海佛庵 落照)

뻘건 해
끓는 바다에
재롱 부리듯 노니다가

도로 속굴 듯이 깜박 그만
지고 마니

골마다 구름이 일고
쇠북소리 들린다.

• 평설

　시조의 초장은 뻘겋게 달아오른 해가, 그 해로 말미암아 부글부글 끓는 것처럼 보이는 바다에서 마치 "재롱 부리듯 노니다가" 라 하여 의인화시킨 내용으로 되어 있고, 중장은 해가 다시 높이 뛰어 오를 듯이 잠깐 흐려졌다가 밝아지는 것 같더니 그만 서쪽으로 넘어가고 만다는 내용으로 되어 있으며, 종장은 골짜기마다 구름이 일어나고 종소리가 들린다는 내용으로 되어 있다. 그러니까, 초·중장은 그 배경이 바다인데 반해서, 종장은 그 배경이 산골짜기인 점이 다를 뿐, 해불암의 석양이 중심을 이루고 있음은 재언할 필요조차 없다. 특히 종장이 시각적인 이미지와 청각적인 이미지가 어우러진 점이 주목된다.(김상선)

옥잠화(玉簪花)

우두머니 등잔불을 보랐고 앉었다가

문득 일어선 김에 밖으로 나아왔다

玉簪花
너는 또 왜 입때
자지 않고 있느니.

• 평설

   초장의 '등잔불'의 이미지를 '玉簪花'까지 연결하면서 멀리 떨어져 있는 그리움의 대상을 서정의 근처로 정겹게 불러들이고 있다.(정영애) 초장과 중장의 1행 1연 처리로 시간의 느린 진행과 화자의 움직임을 교차시키고, 연을 3행으로 나눈 종장에서 화자의 심정을 옥잠화에 전이시키고 있다. 이렇게 초·중장을 각 연으로 1행 처리함으로써, 시간적 거리를 행간 속에 삽입하는 시각적 효과를 가져온다. 행간에는 시적 화자가 대상을 탐색하는 오랜 시간의 흐름이 내재되고, '우두머니' 내면을 관조하다 '문득' 밖으로 나오는 모습에 안정되지 않는 화자의 심리를 겹쳐 놓는 것이다. 종장에서 '너'라고 친근하게 부르는 옥잠화를 독립 표기한 것은 그 존재를 도드라져 보이게 하면서, 화자의 반가운 마음을 나타내는 효과를 아울러 얻고 있다.(정수자)

파초(芭蕉)

펴이어도
펴이어도 다 못 펴고
남은 뜻은

故國이 그리워서냐
노상 맘은 감기이고

바듯이 펴인 잎은
갈갈이
이내 찢어만지고.

• 평설

「파초」는 "바듯이 펴인 잎" 조차 "갈갈이" "찢어만지고"라는 일제 폭정하에서의 그 당시 항일 운동을 하였던 사람들의 마음을 위의적으로 표현하였다. 가슴에 나라 잃은 민족의 처절함과 일제에 대한 분노가 가슴에서 증폭되고 있는 현장을 만나게 된다. 조운의 파초는 펴도펴도 다 못 펴는 뜻, 늘 마음에 감겨드는 나라 사랑, 그러나 그 뜻을 펼수록 더 찢기고 마는 현실, 독립 투쟁과 좌절, 그리고 갈등을 파초에 실어 노래하였기에 그 울림의 진폭으로 가슴을 저미게 한다.(임숙희)

노도(怒濤)

돌틈에 솟은 샘물
山골이 갑갑해라

千里 萬里길을 밤낮없이
울어와선

바다도
갑갑해라고
이리 노해 하노니.

• 평설

 유년기를 지나 어른이 된 삶이지만 그 앞에 펼쳐진 생의 바다가 기대만큼 만족스럽지 못함에 분노하고 있음을 알 수 있다. 조운의 원대한 이상을 엿볼 수 있는 작품이라 하겠다. 종장 끝 구절 "이리 노해 하노니"에서 한자로 怒자를 써 놓지 않아 헷갈릴 수 있으나, 이리 노도치며 어쩔 줄 몰라 하노니로 봐야 할 것이다. 조운의 시조는 음운 축약은 말할 것도 없고, 글자를 추가시키거나 아예 글자를 빼 버려 꼼꼼이 살펴봐야 비로소 뜻을 통하고 제대로 감상할 수 있다.(정설영)

오랑캐꽃

넌지시 알은 체 하는
한 작은 꽃이 있다

길가 돌담불에
외로이 핀 오랑캐꽃

너 또한 나를 보기를
나
너 보듯 했더냐.

• 평설

　자연물인 '오랑캐꽃'에 작자의 감전과 생각을 투영시킨 작품이다. 초장에서 화자는 "넌지시 알은 체 하는" 작은 꽃을 본다. 화자의 눈에 띈 이 작품은 꽃은 "길가 돌담불에 / 외로이 핀 오랑캐 꽃"이다. 여기까지의 '오랑캐꽃'에는 시적 자아가 개입되어 있지 않다. 오히려 일정한 거리감을 두고 있는 존재, 화자와는 병렬의 관계에 놓인 존재이다. 하지만 종장에 이르러 '너'라는 존재는 '나'와 같은 생각을 가진 존재가 된다. '오랑캐꽃'과 화자인 '나'와의 거리가 없어지면서 동일화 또는 합일화 되는 순간인 것이다.(오봉숙) 시인이 의도한 '나'와 '너'의 관계와 의미를 시각적으로 보여준다. 오랑캐꽃이라는 작고 평범한 꽃 사이에 '나'의 단독 행이 그만큼 서로의 존재와 의미를 두드러지게 하는 것이다. '너', '나', '너'가 나란히 줄을 바꿔 서 있는 모습은 단독자인 존재의 고독이나 개인의 소외된 모습을 떠올리게 한다.(정수자)

유자(柚子)

柚子는 향기롭다 祖國처럼 향기롭다

이울줄 모르는 잎에안게 자랐노니

가시城 六百里두리 漢拏山을 지킨다

물을 건너오면 탱자된다 하거니와

물을 건너가면 탱자도 柚子된지

밤마다 漢拏山봉오리 별이 불른다노나.

(1948. 6. 7)

• 평설

　작품에서 "건너오면→←건너가면"이 대조되면서 나타내려한 심상이 확실해지는 경우이다. 물이라고 하는 공간을 사이에 두고 예견되는 유자와 탱자의 변모는, 당시의 시대 상황에 비추어 볼 때 다분히 비유적으로 쓰여졌다고 보여진다. 지은이의 착잡한 심정을 읽을 수 있다.(김종호)

서해(徐海)야 분려(芬麗)야

(분려의 訃電을 받으니 먼저 간 서해가 더 생각한다.)

서해(徐海)야

무릎 우에 너를 눕히고
피 식는 걸 굽어 볼 때

그때 나는
마지막으로 무엇을 원했던고

부디
누이와 바꾸어 죽어다오
가다오.

누이가 죽어지고
曙海 네가 살았으면

주검은 설어워도
삶은 섧지 안하려든

이 설움 또 저 설움에

어쩔 줄을 몰랐어.

늙으신 어버이와
젊은 안해
어린 아이

이를 두고 가는 죽음이야
너뿐이랴

네 살에 나도 아빠를 잃었다
큰 설음은 아니어.

하고 싶은 이야기를
다 해보지 모산 설음

千古에 남고 말을
뼈 맞히는 恨일지니

한마디
더 했더라면
어떤 얘기였을꼬.

분려(芬麗)야

너는
비오는 날
會寧千里를 떠났것다

나는 널 보낼 제
'웃누이나 못되더냐?'

'차라리 죽어가는 길이라면'
하고 울었더니라

간지
겨우 三年
더 못 붙일 뉘[世上]이더냐

白이놈이 국문이나 붙이어 볼 줄 알아

내 葉書 읽게 될 때까지나
못 기다릴 네더냐.
(百이는 曙海의 큰 아들)

• 평설

　그의 매부이며 단짝 친구인 서해 최학송의 죽음에 큰 충격을 받고 오열하는 추도시의 성격을 띄고 있는 작품이다. 친구에 대한 뜨거운 우정과 운명에 대한 사랑이 눈물겹다. 시적 격조의 일반적 호흡을 무시하고 직설적 어법으로 좌절과 한탄의 모습을 노출시키고 잇다. 조운은 이처럼 뜨거운 인간애와 운명에 의해 단절된 삶의 한계성을 한탄과 절망의 육성을 통해 직접적으로 표출해 놓고 있다.(김종호) 회령으로 내려가 고생하던 누이동생 분려가 병으로 죽었다는 부음을 받고 쓴 시조이다. 남편 서해가 타개한지 3년 만에 뒤따라 세상을 떠난 누이동생 분려, 그녀가 아들조차 어린 상태에서 그만 세상을 떠나자 동생에 대한 슬픔과 회한이 넘쳐흐르고 있다. 살아갈 집도 일자리도 없이 막연하게 떠나가는 누이동생을 생각하는 오빠의 쓰라린 마음은, 차라리 죽어가는 길이라면 이보다는 낫겠다고 탄식하고 있는 것이다. 차라리 못할 말로 죽어가는 길이라면, 손위의 누이만 되어도 이렇지는 않으리라며 탄식하고 있는 오빠의 쓰라린 절규와 통한이 각인되어 있다.(임숙희) 시라기보다 차라리 통곡을 그대로 옮겨다 놓은 것 같다. 서해의 「탈출기」, 「기아와 살육」, 「그믐밤」 같은 작품을 연결하여 이 두 죽음을 음미한다면 한 가족사의 비극이 아니라, 20년대 우리 민족의 비극을 압축한 것 같은 슬픔이다.(문병란)

조운의 대표산문 4편

1. 『님』에 대하여

님이란 말이 퍽 천해졌습니다. 어느 때부터 그리 천대를 받아왔는지는 모르겠으나 요새에 와서는 어떻게 천하게 되였는지 점잖다는 이들은 입 밖에도 아니 낼 말인 것 같이 야비하게 생각하고 있습니다.

우리 속가(俗歌) 중에 "일천간장(一千肝腸) 맺힌 설움은 우리 님 생각 뿐이로다" 하는 것을 "부모님 생각뿐이로다"로 고쳐 부르며 "녹의홍상(綠衣紅裳) 미인들은 오락가락 추천을 하는데 우리 님은 어디가 계시고 단오시절을 모르시나"로 고쳐 부를만치 님이라는 말을 그릇 알고 낮게 여깁니다.

더욱 우스운 것은 다같이 연애하는 이성에게 쓰는 말이라면서도 신식(?) 사람들은 님이라고 부르지 않고 연인이니 애인이니 하는 말을 씁니다. 연인이니 애인이니는 신성한 말이요, 님이라는 말은 야비한 말이어서 청루(靑樓)나 기생방에나 에서 농담에 쓰는 말로만 압니다. 그래 요새 시라는 것에도 님이라는 말은 거의 쓰지 않는 모양이요, 연인이니 애인이니 나의 여왕이니를 대용하며 독자 중에도 '님'이라는 글자가 씌어진 시는 덮어놓고 연애시로 알고 같은 연애시에도 "님아, 나의 님아" 한 것은 야비한 연애시요, "애인아 나의 여왕이여" 한 것은 참 소위 신성한 연애시로 알게까지 되었습니다. 여기까지는 너무 과장한 말인 것 같으나 어쨌든 님이라는 말을 퍽들스럽게 여기는 것은 사실입니다.

과연 님이라는 말이 어떠한 뜻을 가진 말인가, 무엇을 대표한 말인가를 들추어 볼 필요가 있습니다. 적어도 나로서는 그 님이라는 말을 그리 들스럽게, 그리 좁게 알고 말아버릴 것이 아니라고 생각합니다.

사책(史冊)을 끄집어내어 그 어원을 들추어 볼 것도 없이 형님 아우님 누이님이니 하느님 선생님 임금님 하는 것을 볼 때에 존경한 자리에 쓰는 말임을 알 것이요, 달님이니 별님이니 할 수도 있는 것을 보면 아무런 것에나 마음에 맞는 데에 님을 붙여 불러 경애함을 표할 수도 있는 것입니다.

요 몇 해 전에 김 상이니 이상이니 미스터 박이니 씨뇨르 조니 하는 소리에 구역이 나서 김 님 박 님으로 가름 써본 일도 있습니다. 그런데 님이라는 말은 이와 같이 접미어로만 쓰는 것이 아니요, 대명사로 그냥 '님'이라고 불러 쓰입니다. 이제 내가 생각하고자 하는 것은 대명사로 쓰는 '님'이 어떠한 뜻을 가졌느냐 하는 것입니다.

그것을 전사(典辭)에 주(註)내듯이 님이란 어떠어떠한 것이라고 설명하는 이보다, 님은 글에 많이 쓰이는 말이니 그를 주제로 쓴 옛 사람의 글을 적기(摘記)하는 것이 재미도 있을 뿐 아니라 더 똑똑히 짐작할 수 있으리라고 생각합니다.

"님향한 일편단심이야 가실 줄이 있으랴" 한 정포은(鄭圃隱)의 시와 이백사(李白莎)의 "고신원루(孤臣怨淚)를……님 계신 구중심처(九重深處)에 뿌려준들 어떠리"한 노래는 모르는 이가 없을 것이며

구중운산에 어느 님 오리마는
— 화암 서경덕

고은님 계신 곳에 비춰어나 볼까
— 송강 정철

님을 믿을 건가 못 믿을 손님이로다
— 월사 이정구

어룬 님 오신 달밤이여들랑 구비구비 펴오리라
— 청음 김상헌

사랑이 거짓말이 님날사랑 거짓말이
— 선원 김상용

추풍낙엽에 님도 나를 생각는가
— 매창 계양

저 님아 한발만 하소라 사생결단하리라

— 매화

고넘어 님이 왔다하면

— 실명시

이러한 노래를 읊조리며 그 작자를 생각하면 '님'이란 무엇을 가르쳤는가를 짐작할 수가 있을 것입니다. 사전에 쓰인 것과 같이 님이란 회모(懷慕)하는 사람을 이름이니, 연애하는 이성만을 붙든 것이 아니라 그가 군주이든 부모이든 형제나 또는 친구이거나 자기가 극히 애모하는 사람을 님이라 부른 것입니다. 한시에 미인이라는 것이 우리 노래에 님이라는 것과 비슷한 뜻을 가진 것인가 합니다.

위에 말한 것으로써 님이란 연애하는 이성에만 쓰는 말이 아니라는 것을 말하였습니다. 나는 또 이 님이라는 말의 뜻을 더 넓히고자 합니다. 아니 넓히고자 하는 것보다 넓어졌다는 것을 말하고자 합니다.

님이란 군주라거나 부모 형제 친구라거나 이성이라거나 그 연모하는 사람 하나에게만 붙여 부를 것이 아니라 우리의 의식이 넓어진 오늘에 있어서는 동포라거나 전인류를 님이라고 부를 수도 있을 것이며, 자기 방향의 목표, 이상의 자리, 동경의 초점, 그리워하는 곳, 또 우주생명의 본체를 님이라 하며 님의 품이라 할 것입니다. 원문은 모르되 "아버지여 만일 즐기시거든 내게서 이 잔을 떠나게 하소서" 한 예수의 감람산 기도의 일절과 "아버지여 내 영혼을 아버지 손에 부탁하나이다" 한 예수의 최후의 말을 나로 하여금 번역케 한다면 "님이여, 만일 즐기시거든……" "님이여 내 영혼을 님의 손에 부탁하나이다"로 읽겠습니다. 노자의 태상경(太上境)과 석존의 용화(龍華)와 극락의 님의 나라며 님의 따뜻한 품안일 것이올시다.

우리의 살 님이야말로 미인불래공단장(美人不來空斷腸)하는 살님이며 죽어서 잊어야할지 살아서 그려야 할지 모르는 사람들입니다. 우리야말로 해동청보라매라도 쉬어 넘는 고개를 한 번도 쉬지 않고 넘어야만 할 것입니다.

— 『조선문단』 제7호, 1925. 4

2. 숫머슴애

춘해형 나더러 연애관을 쓰라고요? 참 엄청난 부탁이올시다.

누구 하나를 사랑해 본 적이 없고 누구 하나의 사랑을 받아 본 적이 없거늘 이러한 '숫머슴애'에게 어찌 그에 대한 감상이나 경험담이니가 있겠으며 더욱이나 훈계니 기대를 말할 수 있으리까?

나는 촌머슴이니 나도 일찍 나물캐는 처녀나 혹 굴까는 큰아기들과라도 사랑을 한번 맺어보았던들 이러한 기회에 붓을 들고 "사랑이란 쓰니라 다니라, 기-니라 짧니라" 아주 한번 휘둘러 볼 걸 그런 섭섭할 데가 없습니다.

형의 말씀과 같이 경험은 없다해도 '나는 연애를 어떻게 본다' 하는 관이야 없을 수 없으며, 이후에 사랑을 맺게 되면 '어떻게 하리라' 는 것조차야 없을 수 없겠습니다. 하나 그도 비끗하면, 남의 말을 쓰기 쉽고, 그렇지 않으면 겪어보지 못한 자의 냉담한 이야기, 이력찬 소리에 지나지 않을테니 차라리 뒷 기회를 기다려 참스럽게 한번 쓰는 것이 좋겠다고 생각합니다.

춘해형! 기다려주오! 잉? 그러나

춘해형
　봄눈이 하 자지고 거칠어
　여원가지는 필똥말똥 하니

따라서 그도 쓸똥말똥 합니다.

—『조선문단』 제10호, 1925. 7

3. 병인년과 시조

또 한해 병인을 보내게 되는구나.

실로 병인을 우리 문화사상에 가장 인연이 깊은 연호니 8백 4십 년 전 고려선종(宣宗) 3년의 대장경 속수(續修) 간행과 4백 8십 년 전 한양조 세종 29년의 훈민정음 반포(頒布)와 최근 6십 년 전 숨은 군자의 나라가 세계의 새 공기를 마시게 된 병인양요 등 이 위대한 사실은 오족(吾族)으로 더불어 천고에 잊지 못할 바이다.

옛날의 병인이 그러했고 금년의 병인은 어찌되었나. 정치적 사회적 학술적으로 얼마나 큰 발견과 사업과 사실이 있었는지는 모르나, 남의 본만 뜨고 남의 흉내만 내던 우리가 버렸던 자기를 도로 찾으며 자기 자신을 성찰하고 자기 정신을 수습하며 자기 그릇을 먼저 검토해야 할 간절한 무엇을 느끼게 되어 이제부터는 모든 것에 조선심(朝鮮心) 조선혼 조선적이 따라다니게 되었다. 실로 올해의 병인년의 보람은 이 '조선적(朝鮮的)'에 있다고 생각하나니 결코 이것이 하찮은 것이 아니다.

문외한으로 할 말은 못되나 번역적이던 사회주의자가 민족운동자와 악수를 하게 되었다는 것도 병인년의 대기(大氣)인 '조선적'에 인연을 둔 것이요, 문학 음악 미술에 있어서도 작가와 아울러 일반이 조선혼을 담은 것을 부르짖고 찾게 되었다. 7백년 전에 사용했더라는 가극(歌劇)곡목의 발견과 사고(史庫)에서 정음(正音)반포일자를 찾아내어 그날을 기념하고, 도 '가갸날'로 정하야 영원히 기념하자는 것과, 극히 적은 것이나마 순조선무도회(純朝鮮舞蹈會)와 같은 것을 열게 되는 것이며 이 모두가 금년의 '조선'을 바닥으로 한데서 생긴 한 가닥인 것과 이보다도 시조 부흥이 비로소 한 자리를 잡게 된 것은 조선문학 건설사상에 중요한 페이지일 것이라고 믿나니 이 또한 병인년의 수확 중의 대 수확이다. 시조가 금년에 부흥한 것도 아니요, 부흥운동이 있는 것도 아니요 겨우 부흥운동이 있겠다고 어림잡을 만치 엿보이는 것뿐이다 하나 그도 큰 것이요 끔직한 것이다.

이때까지 시조는 참 의붓자식과 같았다. 점잖은 사람은 점잖지 않은 사람의 것으로 알고, 점잖지 않은 사람은 점잖은 사람들의 소유로 알고 있었으며 풍류호사(豪士)의 놀음거리로 알거나 그렇지 않으면 하잘 것 없는 사람의 소일거리로 알았으니 "시조하제!"하는 당찮은 짓을 비웃는 농사(弄詞)가 생긴 것을 보아도 얼마나 하대를 받았는가를 알 것이다. 또 시조를 부르는 이로도 시조란 전에 있는 사설(詞說)만을 부를 것이요, 지어 부르지는 않는 것으로 알았다. 그러면서도 옛것이나마 시조집 하나가 그들의 손에는 없었으니, 『청구영언』이니 『대동악부』니 『가곡원류』니 하는 것들이 다 어디 있는 것들인지도 몰랐다.

시조의 기원이 을파소(乙巴素)의 작을 참이라고 보면 1천 7백여 년 전이요 성충(成忠)의 작으로부터 보면 1천2백여 년 전인데 그 동안에 작법이니 영법(吟法)이니는 고사하고 그의 연구에 관한 것이나 또는 연구의 자료가 될만한 것이라고는 한 뼘 되는 글발도 없으니 그러고도 전해온 것이 기적이요 불가사의다.

개화 세상이 되면서부터는 또한 개화적(?)으로 천대를 받았다. 한시의 형식이니, 한시 형식을 모방했느니, 형식은 한시와 달라도 내용은 한문학 사상이라거니 또는 시조는 퇴거(退去)시대정신, 과거의 생활의식을 표현한 것이니 현대인에게는 교섭이 없다거니, 대중과는 몰교섭한 특수계급의 소산이니까 무용하다거니, 자유시를 주장하는 동시에 자유로운 표현을 구속하는 케케묵은 고정적 시형(時形)은 돌아볼 필요가 없다거니 하여 본체만체는 그만 두고 한시와 아울러 무용론까지 주장하는 바람에 숨을 자리조차도 얻지 못하는 시가 이제 문단의 한 자리를 잡아 겨우 문단인의 주목을 받게 된 것이다.

시조의 운동도 실은 신시와 한 가지 2십 년 전부터 움이 나기는 하였으니 여기에도 최남선(崔南善) 씨와 아울러 『소년』 잡지를 아니 들먹거릴 수 없다. 우리의 정음으로 새로운 시형을 얻기 위하여 여러 가지로 시험을 하며 연구도 하고 지은 것을 발표하는 한편에, 예로부터 있는 시조라는 형식에 새 정신을 담아 국민문학의 한 형식을 지으려고 애를 썼다. 일변 옛 시조를 연구소개도 하며 창작을 발표도 하였다. 그러다가 『소년』이 4년 후에 폐간되고 그 후 또 4년 만에 『청춘』을 발간하여 폐간될 때까지 십여 호에 호를 따라 상당히 힘을 썼다 한다. (『대동풍아(大東風雅)』와 『가곡선(歌曲選)』의 발행도 이와 한때다. 이 책은 꽤 널리 퍼졌나니 경향 간에 시조를 짓는 이들은 다 이 책을 본 이들일 것이다.)

그러나 『청춘』과 한해에 발행된 『학지광(學之光)』이나 1918년에 나온 장해몽(張海夢)의 주간이던 『태서문예신보(泰西文藝新報)』나 동경유학생을 동인으로 한 문예잡지 『창조』나가 다 신시에는 상당히 힘도 쓰고 공로도 있었으나 시조에는 조금만치의 유의도 없었다.

그 후 3 · 1운동이 있은 후로부터 5, 6년간에 신간잡지 할 것 없이 와하니 한꺼번에 비 뒤에 버섯같이 일어났으나, 그도 다 시조에는 하등의 은택이 없었다. 문예잡지라는 『문우』니 『신청년』이니 『폐허』니 『영대(靈臺)』에도 시조 말은 삐쭉도 한했으며 더욱 시잡지로 『장미촌』 『금성』도 시조에는 눈도 주지 않았다. 그중에 오직 『백조』만이 이광수 씨의 고려악부를 두어 호엔가 싣다 말았다. 『청춘』 이후 몇 해 동안 시조의 그림자가 아득하였으니 혼자 힘쓰고 혼자 읊으던 육당(六

堂)이 옥중에 있기 때문이었다. 그가 출옥하자 바로 '세돌'이란 시조 3장을 『개벽』엔가에 내놓은 것 같이 기억된다. 그 후 동지애 석송(石松)의 시조 9장이 한 번 나고 이상정(李相定) 씨가 두어 번 냈다 했으나 누구나 그리 유의해 보지는 안 했었던 것이다. 그해 연말에 월탄(月灘)이 시평을 쓰면서도 시조에 대하여는 일언반구가 없고, 석송(石松)의 시를 평할진대 "시와 시조가 뒤범벅이 되어서 불쾌하였다"는 말밖에 없었다.

 그러다가 작년의 『조선문단』에 비로소 요한의 「습작수제(習作數題)」와 육당, 가람의 작과 졸작 「영호청조(映湖淸調)」가 나타나게 되며 문단인의 주목을 끌게 되어 금년으로 들어서면서는 제법 한자리를 얻어 문단 정면에 나타나게 되었다. 따라서 그에 관한 논과 연구도 많이 나오게 되었으니 『조선문단』에 연재한 육당의 「조선국민 문학으로서의 시조」와 「시조태반으로의 조선민성(民性)과 민속」이 두 논문과, 『신민』 칠월호의 「시조와 시조에 표현된 조선사람」이란 손진태 씨의 논문과, 염상섭 씨의 「시조에 관하여」(조선일보 소재)와 요새 동아일보에 연재 중인 이병기 씨의 「시조란 무엇인가」등이다.

 그 외에 아직 보지는 못하였으나 『백팔번뇌』라는 육당의 시조집이 발행되었다하니 실로 기뻐할 바이다. 신시운동의 첫 수확으로의 『해파리의 노래』나 『오뇌의 무도』의 출세에 비할 바가 아닐, 의미 자못 심중한 기쁨이며 『동광』 신년호부터 안자산(安自山)의 「시조작법강화」가 실리리라니 참 반가운 일이다. 창작으로도 양으로 수확이 상당하였으니 신문이나 잡지에 나와 내가 본 것만이 한 3백수 되었다. 워낙 멀리 박힌 시골이어서 잡지 나는 대로 일일이 다 얻어 보지 못하였으니 그 밖에도 더 많이 있었으리라고 생각한다. 기재한 수로 말하면 『동아일보』1백 4십여 수를 필두로 『동광』 『조선문단』이 한 40여 수씩, 『신민』 『시대일보』가 30여 수, 『매일신보』 『가면』에 약간이 있었다. 『중외일보』가 새로 생겼다는데 아직 못 보았고 『조선일보』는 정초에 가투(歌鬪)에 실린 시조 1백 수를 소개하고는 한 수도 내지 않다가, 최근에 와서 이병기 씨 두 수인가를 실은 것뿐이었다. 『조선지광(朝鮮之光)』이 월간으로 되면서부터 시조를 싣고 나오고 경도학우회(京都學友會)의 발행인 『학조(學潮)』에 새 경향을 띤 시조가 89수 있었고, 『위생과 화장(衛生과 化粧)』에도 시조가 실리어 있었다. 아마도 『소년』 잡지와 『신여성』 외에는 거의 시조 페이지가 준비되어 있는 모양이다. 이만하면 꽤 빨리 널리 퍼진 셈이니 이것이 우리의 것인 것 만치 발달이나 보급도 다른 것에 견주어 더 쉽게 되리라고 생각한다.

이만한 양을 가진 병인의 시조가 질에 있어서는 그리 보암즉한 것이 적으니 이것이 새 것이 되자면 일조일석의 노력으로 미칠 바가 아닌지라 아직 이만함도 크다고 볼 수밖에 없다.

이제는 병인년 시조의 독후감을 좀 쓰자. 시조에 대한 과학적 지식이 부족하고 시조관(예술관)이 아직 확립치 못한 학생인 바에 평을 한다 함은 너무나 무엄한 짓이겠기로 이에 독후감만을 쓴다.

최남선 씨의 작은 78편 읽었다. 실로 이이는 시조의 고성을 지킨 독장(獨裝)이다. 자기의 말마따나 그는 "본래 시인이 아니다." 시인의 천품(天稟)을 가졌음으로써 시조를 연구하고 지은 것은 아니다. 국문학의 형식으로 독특한 것이요, 오직 하나 밖에 없는 것이니 우리가 이를 가꾸어야 할 것이며 우리가 만든 것이니 이 속에서도 우리의 얼굴과 마음을 찾아볼 수 있으리라 생각하고 그는 조선을 사랑하는 한 학도로서, 조선정신을 더듬적여 찾는 이로서 그를 연구하노라는 것이 역사가도 되고 고고학자도 되고 또 한 모로는 시조시인도 된 것이다. 우선 금년작의 제목만을 적어도 한 번 모아 짐작할 것이니,

강서삼묘(江西三墓)에서(『동광』), 단군굴(檀君屈)에서(『동광』), 낙랑(樂浪)의 꿈자취 순종효황제만(純宗孝皇帝輓)(『동아』), 숨어가는 명정(銘旌)(『동아』) 들이다.

그의 글은 한자와 공통스런 말을 많이 써서 난삽(難澁)하다기로 정평이 나있다. 오죽해야 '전자(篆字)로 쓴 글'이라는 해학적 별명까지 있겠는가. 하나 시조에는 오히려 순 정음으로 쓰는 셈이다. 그리고 남모를 조선말을 많이 쓴다고 하나 그는 말할 것이 못되니, 우리가 조선어독본다운 것을 배우지 못해서 우리말 수가 적은 것, 사전이 없어 찾아 볼 길이 없음을 한할 것인지, 저 모르는 말이라고 덥헝짱으로 궁통스럽데, 고어니, 방언이니 하고 뭐라고 할 수는 없는 것이다. 다른 글도 그러려니와 더욱 시조에는 그 어휘의 자유자재한 사용에 탄복 아니 할 수 없다. 육당의 시조에서 알톨한 것, 산뜩한 것, 곱고 매끄럽고 시고 멋진 것을 찾으려는 것은 잘못이다. 그의 시조에는 경건, 엄숙, 숭고가 있을 뿐이다. 돌림 시조 부르는 자리에 부를만한 것은 한 장도 없으니 그의 시조는 서안(書案)을 대하여 옷깃을 바로하고

읽을 것이요, 외워 가지고 잔디밭이나 시냇가에 누워서 부를 것은 못 된다. 또 말하자면 육당의 시조는 순수한 시라고 보기 어려운 점이 없잖으니 이는 순정에서 보다 이지(理智)에서 나온 것이 많은 까닭이라고 나는 생각한다.

주요한 씨의 노래에서 시보다 시조를 나는 더 좋아한다. 시에도 말 붙임새가 묘하기로 정평이 난 터이지마는 그 재주는 시조에 와서 맵시를 부릴 때로 부렸다. 작년 여름 『조선문단』에 처음 난 「습작수제」를 읽고 결코 이것이 첫 솜씨가 아니라고 생각하였다. 아무리 시에 묘를 얻은 이기로 시조의 첫손에 그렇게 매끄러울 수는 없는 것이다. 그러다가 금년 『동광』 창간호의 「발자취」는 구고(舊稿)라서 그러는지, 작년 것에 반해 버려서 그런지 「습작수제」만 훨씬 떨어진 것 같이 생각된다. 「동물원에서」는 그리 추잴 것도 힘잡을 것도 없는 작이요, 「나그네」도 역시 작년 것만은 못하다. 전편이 치렁치렁해서 개운하지 못하고 읽고 나서 무엇을 읽었는지 인상이 하나도 남지 않는다. 그 중에

> 물 그릇에 해 비치어 문지방에 노닐거늘
> 무심코 보았던들 서러운일 없을 것을
> 어릴때 지내던 생각은 무엇하리

이 한 수는 실감인만치 산뜻하다. 한데 금년 작에는 모두 종장 꼬리에 붙을 '하노라' '하리오' '어떠리' 하는 끝을 다 떼어버렸다. 그게 부르는 것도 아니요, 글 뜻에도 있어도 그만 없어도 그만한 것이

지만은 읽을 때에는 끝이 없으면 숨 한토막이 남아서 주체하기가 거북성스럽다. 그러므로 읽는 편으로는 붙이는 것이 좋을 것 같이 생각된다. 「새날」(『동아』)은 신년호에 내기 위하여 일부러 짓지 않았나 한다. 절로 우러나온 것 같지 않다. 종장을 전부 전편의 후렴으로 쓴 것은 첫 시험이다. 이후로 이런 것도 많이 생길 것이다. 또 동아일보 5월호인가에 낸 「강남서」와 「강남서에서」는 지은 뒤 읽어보지도 아니한 모양이다. 둘 다 두 수씩인데 각각 한 수씩은 좋기도 하고 흠도 없으나 한 수씩은 말이 잘 어울리지 않았다.

이병기 씨의 시조는 육당의 것과 같이 장중하고 난삽하지도 않고 요한 씨의 것과 같이 부드럽고 말쑥한 맛도 없다. 하나 말이 꼿꼿하고도 수수하고 텁텁한 맛이 있으니 그게 특색이라면 특색이겠다. 조격(調格)에는 빈틈이 없는 솜씨니 「제송명부유거(題宋明府幽居)」란 역시조와 「앓으면서 어버이생각」, 기타 창작 등을 볼 때 솜씨의 익숙함만은 볼 수 있는 동시에, 창작에 있어서는 속이 그리 깊지 못하고 무게가 적은 것을 느끼게 된다. 최근 『조선일보』에 난 「밤든 서울」을 보면 취재의 국면을 넓히기에 유의하지 않았는가 하는 생각이 든다. 『동아일보』에 연재되는 「시조란 무엇인가」는 초학자를 위하여 주는 것이 많으리라고 믿는다.

「적라산인(赤羅山人)의 춘신(春信)」은 그저 평범한 작이다. 동지 5월호에 난 「어버이 생각」이 춘신보다 나으니 그 중에도 가운데 수종장이 따끔한 맛이 있다. 「실솔삼제(蟋蟀三題)」(위생과 화장)는 전편을 통하여 센티멘탈한 기분밖에 남은 것이 없다. 「금선(琴線)이 우리잖으면 네탓인가」한 것은 영락없이 그렇다. 『신민』에 잡음(雜吟)도 잡음에 그치고 말았다.

『신민』 12월호에 씨의 시조가 있는 모양인데 손에 없어서 아직 못 읽어 섭섭하다. 주제넘은 말씀 같으나 제재의 범위, 즉 관찰과 묘사의 대상인 국면을 훨씬 넓힐 필요가 있지 않을까 한다. 씨의 작은 항상 그게 좁은 것 같이 생각된다.

이광수 씨의 시조는 올해는 더 못 얻어 읽었다. 금년 봄 3월엔가 동아일보에 「보낸 뒤」라는 시조 3수가 있었는데 국문으로 '춘원'이라 한 듯한 것이 활자가 흐려서 똑똑치는 못하나 글이 그이의 것 같기도 하기로 그이의 것이거니 하고 읽었다. 최남선 씨와 함께 시조계의 공로자인 만치 기교에는 말할 것도 없다. 먼 길을 떠나보내고 혼자 접에 돌아온 이의 정경이 누구나 보고 '그렇다!' 할 만하다. 실례의 말이나 셋째 수는 실로 씨의 성품의 소산이었다.

이은상 씨, 수많은 조선시인 가운데에 시조를 어루만지고 가꾸려고 하는 이는 주요한 씨와 아울러 이은상 씨 두 분 뿐이다. 금춘 합포(合浦)의 풍광(風光)을 자랑하면서 자연에 대한 영감과 향토에 대한 연정을 시조로써 표현하였고 「새타령」을 개작하였다(새타령 개작에는 탄복하지 못할 점이 많다). 이후 시조와 민요에 많은 연구를 쌓으리라고 믿는다. 『조선문단』 4월호에 「이별4곡(離別四曲)」이 있으니 급(?)을 지고 멀리 고국을 떠나가는 젊은이의 가슴을 들여다 볼 수 있었다.

'쥐었던 장기조차 사래에' 던지고 가는 곳이 어디며 무엇하러 가는지, '고국에 봄들걸랑 소식전갈' 하라면서도 어떻게 하마는 말도 없고, 다만 '혼자 가는 것이 서러워도' '길이 멀고 외따로워도 가보고야 말리라' 하니 그곳이 어디며 무엇하는 곳이며 무엇하러 가며 무엇하고 돌아올텐가! 이게 그저 가보기나 하자 하는 현대 조선청년의 번민상이 아닌가 한다.

　권구현 씨의 시조는 시대일보에서 한 20수를 읽고 월간으로 된 『조선지광』에서 댓 수 읽었다. 조격으로는 아직 시조가 되려면 멀었다. 아주 파격으로 신조(新調)를 세웠는지는 모르나 그도 또 그렇게 되지 못한 모양이다. 형식은 그러하나 내용에 있어서는 확실히 딴 색채가 띠어 있다. 그는 재래의 시조가 화조풍월(花鳥風月)만을 읊으거나 또 유심관념(唯心觀念) 만을 기조로 하던 것에 반하여 현대적 생활의식을 표현하려고 하였으며 물질고(物質苦)를 읊으려 하였다.

　　　　벽상에 시계도니 이몸도 늙을시고
　　　　애닲고나 짧은 일생 일초도 아깝건만
　　　　밤낮없는 기계살림 시문 더디어 원수로다

　　　　님 없다고 설다마오 밤 없는게 더 섧데다
　　　　한백년 모실 님이야 잠시그려 어떠리만
　　　　죽지못해 하는 종질 압백만이 보주라오

　(사회주의자가 이런 글을 보면 또 프롤레타리아 시조라고 하지 않을는지?)

　이후로 제재의 범위가 훨씬 넓어지리라고 믿으며 넓어져야 하리라고도 생각한다. 권구현 씨 외에 방면은 다르나 또 새로운 경향을 띤 시조는 『학조(學潮)』의 지용 씨의 「마음의 일기에서」의 아홉 수다. '시조 아홉 수'라는 주를 달지 않았다면 시조 비슷한 신시로 보고 말았을 만치 파조파격(破調破格)으로 된 시조다. 그러고 보니 신시 비슷한 시조이던 것이다. 예를 하나 적자.

> 참새의 가슴처럼 기뻐 뛰어보자니
> 숭내인 사슴처럼 부르짖어 보자니
> 수산이 풀어질만치 손을 보자니

마치 팔각시나 언문풍월(諺文風月)을 읽는 듯한 느낌을 준다. 그는 팔각시나 언문풍월이 한시 칠언절구를 모방한 것이어서 4·3조로 된 것이기 때문이다.

> 한 백년 진흙 속에 묻혔다 나온 듯
> 게처럼 옆으로 기어가 보노니
> 먼푸른 하늘 아래로 가이없는 모래밭

자유시의 소곡이라면 확실히 재미있는 작품이다. 어쩐지 끄는 대목이 있다. 하나 이것을 시조라고 하기에는 어려우니 또한 확실히 어렵다. 자수만을 따지고 이게 시조의 자수와 노임새에 틀린 것이 무어냐고 할는지 모르나 시조와 시조 아닌 것의 구별은 자수만 가지고 하는 것은 아니다. 우리 시의 형태를 안출(案出)함에는 시조의 변형도 있을 것이요, 시조와 민요를 기초로 하고 외국시형을 참작한 어떤 형식도 생길 것이며, 가지각색으로 연구도 하고 시험도 할 것이다. 이러한 의미에서 이와 같은 변체적 시형이 나오는 것도 나는 반가워한다. 많이 연구하고 많이 시험하기를 바란다.

고성(孤星) 씨의 시조는 한동안 『동아일보』에 매일 보다시피 하였었는데 이즘에 와서는 별로 보지 못했다. 그는 다작하는 편이었다. 그 많은 중에 한 수도 이것이라고 추켜들 만한 것은 없었다. 아직 구투(舊套)를 벗지 못하고 구조(舊調) 그대로일지라도 앵도라진 것이 한 수도 없었다.

박홍철 씨의 「부여팔경」은 경치를 그대로 읊은 것이 아니요, 거기서 노닌 것을 읊은 것이었다. 힘이 들기는 든 작이었으나 새로운 맛이 없었다.

통영(統營)에 시조짓는 이가 많은 모양이다. 그중에 늘샘 춘강(春岡)의 작을 많이 보았는데 다 아직 모방기에 있고 습작시대를 벗지 못하였다. 그 외에 박근파, 개성 이성득 씨의 것도 역시 그러하였다.

> 울어서 된다 하면 울어나 보올 것을
> 그도 소용 없으리니 울어선 무엇하랴
> 차라리 이 악물고 싸우어나 보리라

이것은 노양수 씨의 작이다. 그리 잘된 것은 아니나 요새 신문에 나는 시조가 거의 "새가 어쩌고 달이 어쩌고 하니 눈물겨워 하노라, 그를 설워하노라, 수심 자아내더라"는 이런 소리만 하는 판이 되어서 이와 같은 노래에는 눈이 한 번 더 가게 된다.

금춘 『동아일보』에 시조 두 수를 내신 임동혁 씨는 그 이름이 이상정(李相定) 씨의 아호가 혹 아닌가 하노니, 만일 그렇지 않으면 임씨가 혹 대정(大正) 11년 8월호 『개벽』의 이상정 씨의 시조를 본 적이 있는가 묻고 싶다.

신문, 잡지 독자란에 한 두 수씩 지어보고 투서한 이까지 모두 합해 내가 본 것만 60여 명이다. 일일이 다 말을 붙이기는 어려우니 특색이 있는 것, 많이 지은이의 것 또는 눈에 밟히는 것만을 잡고 독후감을 말한 것이다. 3백여 수를 다 찾아 읽고 보니 시조에 대한 과학적 지식이 뚜렷하지 못하고 아직 그 내용이나 형식에 연구들이 적어서 지어보고자 하는 이나 부르고자 하는 이나 혹 의의나 가치를 연구하자고 하는 이나가 다 어떻게 할 길을 잡지 못하여 터덕거리는 양이 환하다. 어떤 이는 제에 시조라 쓰고 그 밑에 괄호를 치고 (비슷한 것)이란 주를 달아 붙인 이가 있었다. 이로써 일반이 시조법칙에 얼마나 의아하는가를 볼 수 있겠다고 생각한다.

또 하나는 거의 전부를 펴놓고 보아 옛 시조에 흔한 '세상일까 하노라' 한다든가, '아니놀고 어이리' 한다든가 하는 등의 은둔생활이나 향락생활적 기분이 도무지 없는 것이니 이 진실로 현대시조의 특징이라고 하겠고 한 제목 아래에 여러 수를 짓게 되면서부터 시조의 특색인 간결하고 명쾌한 맛이 적어진 것도 한 사실이다.

— 『조선문단』 4권 제2호, 1927. 2

4. 근대가요 대방가(大方家) 신오위장(申五衛將)

육자배기 수심가 아리랑 타령이나 심청가는 양복입은 신사나 갓 쓴 양반이나 등지게 잠방이에 테머리한 일꾼이나 어른이니 아니 아낙네 할 것 없이 모두가 불러 좋아하고, 들어 좋아합니다. 근래 새 노래와 새 곡조가 많이 유행하게 되었으나 그는 학생이나 또는 그에 소양이 있는 극소수의 인(人)이 즐길 뿐이요, 많은 수의 동포들은 아직도 의연히 예로부터 내려오는 노래를 좋아합니다.

워낙 민요란 민중 그 자기네의 사상감정을 벌거숭이로 표백한 그들의 공통적 작품인지라 작자 한둘의 명성이나, 혹은 전파를 강제하는 어떤 권력으로써 퍼지는 게 아니요, 민중의 마음에 들어 저절로 전파되며 시대와 민족을 따라 자꾸 변하며 또한 그 시대와 그 민족에게 고이나니 이렇듯 민요는 민족과 평행선으로 발달하는 것입니다.

그러므로 그 민중을 즐겁게 하는 것으로서 감화를 주는 것으로나 그 민중에게 미치는 힘이 무엇보다도 끔찍하며, 더욱 민요에 표현된 이즘과 사상은 그 주인의 특색을 드러낸 것이라 그 민족성의 연구 자료로서도 무엇보다 요긴한 것일 것이니 아일랜드나 신흥국 체코슬로바키아의 예를 보아 의심할 바 없는 것입니다.

그러므로 어느 나라를 물론하고 문학도 또한 그 나라의 전설 및 민요에서 출발하여 발달하였나니 우리의 시가도 또한 이 민요에 기초하지 않을 수 없을 것입니다.

이러한 의미에서 보아 그동안 전연히 등한에 붙이고 모르는 척하던 민요나 시조에 착안하시는 분이 바야흐로 많아짐을 기뻐하며 먹을 다시 갈아 표제에 내세운 대로 근대가요의 대방가(大方家) 신오위장(申五衛將)을 소개하겠습니다.

이는 세상에 널리 알리어진 이가 아니라 그를 아는 이가 흔치 않으나 광대로는 고창(高敞) 신오위장을 모르는 이가 없나니, 그를 모르고 광대되지 못하며 광대로는 그이를 몰라지지 않기 때문입니다. 잘났든 못났든 우리 민중의 품에 안기어 총애를 받았고 상기도 우리를 웃기고 울리고 하는 우리 예술적 소유로 오직 이것뿐인 광대의 소리 여섯 마당이 다 신오위장의 손을 거치어 오늘날의 것에 이르렀고 유행되는 속요의 중요한 것은 거의가 그이의 창작이며 유명한 광대의 대개는 선생의 지도와 비평을 받은 것이라 합니다. 근대에 있어서 이렇듯 위대한 공적을 우리 가요에 쌓은 대가 신오위장은 과연 어떠한 이인가.

> 네 선생이 뉘라시냐 성관은 평상신씨
> 있을 재 효도 자는 장적의 힘자시오
> 일백 백 근원 원은 친구간의 자호로다
> 뜰앞의 벽오동은 임신생의 동강라
> 시호는 동리시니 너도 공부하랴이면
> 가끔가끔 찾아오라

임신생이라니 1백 17년 전입니다. 서생은 고창 태생이나 그의 부친은 서울 사람으로 17세에 낙향하였는데, 성혼만 하고 신행도 미처 아니한 신부가 따라 쫓아 내려왔더라는 것을 보면 그 집안의 시끄러웠음을 짐작하겠으며 선생의 유시(幼時)가 그리 넉넉하였으리라고는 생각되지 않습니다.

   의식지게 하노라고 불피풍푸 사십년에
   검은털이 희었으니

한 노래를 들으면 젊어서는 살림이 무던히 고생한 것을 알 수 있으며 그 유지(遺趾)를 살필 때 말년에는 벼 천이나 했더라는 것을 믿을 수 있습니다.
사십까지는 오로지 살림에만 애를 쓰다가 그게 좀 넉넉해짐을 따라 생을 무위에 붙이고 말아질 선생이 아닌지라, 나머지 30여 년은 가요의 연구, 창작, 비평으로 마쳤습니다.

   사나이로 조선생겨 장상택에 못생기고
   활 잘쏘아 굉흥할까 글 잘한다 과거할까

복받치는 하소연과 용솟음치는 마음의 물결을 노래에 붙여 펼친 것입니다.
선생이 박학은 놀라지 않을 수 없으며 더욱 음율에 정통하고 시문에 능하였습니다. 하나 선생의 스승은 누구인지 아는 이가 없습니다. 어려서는 그의 자친에게 친히 배웠다하며 40후 가요를 전문으로 연찬하면서는 거기서 한 4, 5십리 산으로 올라가, 숨은 대학자가 있어 그의 문을 자주 두드렸다 하나 그가 누구인줄 또한 알길 없습니다. 선생은 심사(深思)의 인(人)이며 명상의 인이었습니다. 사람을 대하여 담화할 때에는 늘 눈을 감고 앉았다 하며, 평생에 밤에 불을 켜두는 일이 없었고 방에는 돗자리를 깔고 벽은 검은 종이로 도배를 하였다 합니다.

선생은 학식과 문장보다도 인격이 고귀하였다 하여 당시 그 주민의 최고의 숭경(崇敬)을 받았다 하며 마지막 어사 어윤중(漁允中)이 호남에 암행할 때 "남으로 와 선생을 보았습니다"고 하였다 합니다. 일화(逸話)가 많지만은 그 중 어느 흉년에 기민(饑民)을 도와주게 되는데 "대상(代償)이 없이 은혜를 베풀면 주는 나는 부질없이 선한 사람인 체할까 두렵고, 받는 저희는 은혜를 입는 사람으로 부끄러워 할 것이니 그게 오히려 옳지 않은 일이다" 하여 "쓸모없는 물건이라도 가지고 오라, 벼와 바꾸어주마" 하였습니다.

가져오는 것은 펴보지도 않고 '걸레 한 줌에 벼 한 섬' 격으로 풀어내 주어 그의 후손의 집에는 연전까지 걸레와 짚북더기가 노적가리같이 있었다 합니다. 이 한 이야기로도 선생이 어떠한 어른이었던 것을 살피기에 넉넉합니다.

선생은 또 열네 칸 줄행랑의 그 많은 노복에게 '해라'를 각박히 한 적이 없었으니 그의 겸손함과 동정이 깊은 줄을 알겠고, 그의 문하에게도 늘 이러한 경계(警戒)가 많았다 합니다.

>못할레라 못할레라 오입쟁이 계집노릇
>세상천지 못할레라 한푼 반푼 못 벌면서
>꾸어다 해준 밥 얼른하면 상 물리고 속옷 뜯어
>해준 버선 술주정에 술항밟고 밤 사이로
>또 하라고 아둥아둥 졸라댄다.

하는 노래를 보면 자연 그 문하에 배우는 사람 중에는 한량이나 오입쟁이가 많을 것은 사실이라, 따라서 그러한 황도(黃陶)에 더욱 힘을 썼습니다. 노래와 소리의 대가라 하니 얼핏 생각하고 선생도 한량이나 오입쟁이의 발천으로 여길 사람이 있을는지 모르나 결코 그렇지 않으니 선생은 여기에서 그 위대함을 볼 수 있는 것입니다.

    선생의 문하를 지내간 기생만 하여도 80여 명이라 하나 선생은 칠십 평생에 작첩은커녕 기생의 오입은 그만두고 손목 한 번 잡고 웃음엣 소리를 한 적도 도무지 없었다 합니다.

    선생의 생활은 질소(質素)와 검박(儉朴) 그것이었습니다. 그러나 그는 풍치가 있고 청취(淸趣)가 있었던 것입니다.

>고창읍내 홍문안에
>두충나무 무지개문
>시내우에 마루놓고
>방죽위에 포도실어
>처마끝에 연꽃핀다.

    이 노래를 보면 선생의 거처가 어떠하였음을 알 것이니 취미란 인격과 상반하는 것이라 그 또한 고아할 것은 말할 것도 없습니다.

당시의 석유(碩儒) 기노사(奇蘆沙) 선생은 선생의 연장이었으나 서로 추축(追逐)하였으니 그 반연은 이러합니다. 선생의 문하에 김춘학(金春鶴)이란 광대가 있어 노사의 수연(壽宴)에 토끼타령을 하였더니 노사 듣고 전에 듣던 것과 다른지라 재삼 낭독을 시킨 후에 그의 선생을 물었던 것입니다. 고창 신동리(申胴里)라는 말을 듣고 무릎을 치며 "문장이다, 문장이다" 격찬하고 작품의 전부를 가져다 읽고 이로부터 서로 내왕하며 시문을 논하였다 합니다.

선생의 공적을 소개하기 전에 마지막으로 얼토당토않은 신오위장이란 이름이 어이된 일인가 말씀드리겠습니다. 선생은 오위장 가자(加資)를 받은 것입니다. 돌아다니는 말에는 선생이 경복궁 낙성 식연에 채선(彩仙)이라는 여광대에게 '성조가'라는 창작노래를 가르쳐 불리고 대원군의 고임을 받아 내려얻은 가자라 하나 실상은 그렇지 않고 병자기근(饑饉)에 탄 활인당상이라 합니다.

광대나 곁의 사람들이 위한답시고 오위장 오위장 한 것만 전파되어 이름이나 자호(字號)를 아는 이는 적고, 그저 고창 신오위장이라고만 하면 그러한 통으로는 다들 앎으로 그 때문에 표제에도 자(字)나 호(號)를 쓰질 않고 신오위장이라고 합니다. 오위장이 와전되어 신호장으로 아는 이도 있습니다.

이제는 선생의 쌓아놓은 위적(偉蹟)을 들어봅시다. 민요란 먼저 말한 것과 같이 백인 임자가 없는 것이라 아무가 고치어도 부르고, 달리도 부를 수 있는 것입니다. 그러므로 오늘날의 노래가 결코 옛날의 노래 그대로는 아닐 것이요, 닥치는 사람의 손을 거치어 자꾸 변경되고 진화된 것일 것은 사실입니다. 하나 춘향가나 박타령 같은 장편 대작에 있어서는 그게 달라졌다는 것이 한 구절이나 한 대목 혹 흥에 겨운 사람이 한 마디씩이나 고치었을 것이며, 또는 그 고침이 반드시 좋아졌을 뿐만 아니라 오히려 그르쳐 놓은 것도 있을 것이요, 여러 입에 오르내리는 동안 와전된 것도 없지 않을 것입니다. 또 그게 발달된 경로를 생각하면 전설로 돌아다니는 것을 어떤 입담있는 사람이 이야기 품을 팔러 다니게 되어 더 좀 재미있게 고쳐지고 그 다음에 차차 곡조가 붙고 또 차차 너름새가 아우러지게 되었을 것입니다. 그러고 보면 오늘날의 소리 여섯 마당이라는 춘향가, 심청가, 박타령, 토끼타령, 적벽가, 변강쇠 타령 이렇듯 정조(整調)되고 세련된 완성품이 저절로 자라서 이루어진 것이라고 만은 믿어지지 않습니다. 반드시 위대한 문인의 대수정을 가한 것일 것이요, 그 공로가 신 선생에게 있다는 것입니다. 소리 여섯 마당은 전부가 선생의 별작(別作)이라고 해도 과언이 아닐 만치 깎고 새기고 깁고 더한 것입니다. 이제 그 작품을 들면

- 소리 여섯 마당

  춘향가 (남창, 여창, 동창)
  박타령
  토끼타령
  적벽가
  심청가
  변강쇠타령

춘향가는 남·여·동창(童唱) 3종이 있으니 남창은 문장이 웅건하고 간결하여 남성적이요, 여창은 유려(流麗)하고 섬세하여 여성적임이 특색이요, 동창은 동기(童妓)나 아이 광대에게 적당하도록 제작한 것입니다. 여섯 마당 중 변강쇠 타령은 선생의 창작이라는데 그는 음란한 남남북녀를 주인으로 그들스런 행동과 야비한 장면을 꾸밈없이 드러내고 무참(無慘)한 최후를 무자비하게 그려낸 것이니 그 당시의 사회상의 일면이 역력합니다.

• 허두가

이는 단가 13종을 모은 것이니 소리하기 전에 목을 다듬기 위하여 첫 허두를 한다는 뜻으로 이름한 것입니다. 단가 중에는 지금 유행하는 것도 있고 아직 세상에 나오지 않은 것도 있습니다.

• 오섬가(烏蟾歌)

오섬은 단가보다는 길고 마당소리보다는 짧은 노래다. 금오(金烏)와 옥섬(玉蟾)이 마주 앉아 억천만고(億千萬古)에 낮일은 내가 보고 밤일은 네가 보았으니 우리 서로 본대로 이야기하자. 한데 하고 많은 사물을 다 이르자면 다시 억천만고가 될 테니 거기서 골라 인간이 도시 웃고 울고 하는 사랑과 설움만을 들어 노래하자 하고 낸 것입니다.

• 성조가

성조가는 31편의 대장편으로 된 노래니 경복궁을 지으려고 경상도 안동 땅 제비원의 솔씨를 받아 경기치다라 영평 등지에 뿌리는 데서 비롯하여 나무를 키워 재목을 내고 떼를 엮어 한강에 흘리다가 삼개로 올려 실어 들이어 다스리어서 터를 닦고 집을 세우고 벽을 붙이고 도배하여 준공하기까지를 읊은 노래로 여광대 채선(彩仙)으로 하여금 그 낙성연에 올리기 위하여 지은 것입니다.

채선은 경상도 합천(陜川) 여자로 얼굴이 박색이라 한량에게 고이지 않음을 분히 여기어 소리로써 이름을 떨치리라 결심하고 선생의 성화(聲華)를 듣고 찾아와 배운 광대니, 당시 국창(國唱)의 명(名)을 들었습니다.

• 괘씸한 양국(洋國) 된 놈

이 노래는 당시 사회의 문제 거리였던 불국 군함이니 영국 상선이니 기독교도를 제재로 한 것입니다.

그 외에 어부사(漁夫辭) 도이화가(桃梨花歌) 고설 등 소품이 있고, 시조, 가사, 잡가집이 있었으나 중간에 유실되어 찾아 볼 길이 없다 합니다. 풍문에 들으면 김제 만경 등지에 그 등본이 돌아다니더라 하는데 김제는 선생의 사위가 사는 곳이라 그게 사실일지도 모릅니다.

시율(詩律)의 축이 또 농으로 수북이 쌓여 있더라는 것을 연정에야 휴지로 썼다하니 가석(可惜)한 것입니다. (그 가산은 후손에 이르러 많이 치패(致敗)되었습니다.)

 선생은 시조를 잘하고 소리를 잘하는 이가 아닙니다. 잘만 못 하는 게 아니라 도무지 할 줄 몰랐다 합니다. 그러면 어떻게 가르쳤나? 이는 큰 의문입니다. 하나 선생은 설명으로써 가르침에 부족함이 없었다 합니다.

 광대가는 광대의 경정이라 할 만한 것이니 초학자에게 가르친 것인 듯합니다. 광대 되기 어려운 것을 말하고 광대란 네 가지 요건을 구비해야 하는데

  첫째는, 인물이요
  둘째는, 사설이요
  셋째는, 득음이요
  넷째는, 너름새라

하고 인물이란 어떠해야 하고, 사설은 어떻고 득음·너름새는 어떠 어떠해야 한다는 것인데 이 노래를 목으로나 너름새로나 흠없이 하게 되면 그때부터는 마당소리로 들어가는 것입니다.

 당시 광대치고는 선생의 평을 받지 않고는 행세를 못하였다 합니다. 이제 그 비평과 수정방법의 예를 하나 들어 적고 그로써 끝을 맺고자 합니다.

 선생 이전에는 "백구야 훨훨 날지 마라"는 단가 첫머리 내지름을 벼락같이 질러 올렸더랍니다. 그를 두고 선생이 "나는 백구를 멈추기는커녕 자는 백구도 놀라 달아나겠다"고 하였습니다. 과연 요새 그

소리를 들으면 나는 백구도 고개를 들고 날개를 접어 들일만치 살갑고 알뜰하게 되었습니다. 이는 소리에 관한 것이며 동작에 관한 것으로는 농부가를 부르는 광대가 모폭을 들고 꽂는 양하며 앞으로 나오거늘 "저 아까운 모 다 밟힌다" 하는 등 모든 것이 이러한 투였다 합니다.

가요 연구하시는 이의 한 참고 자료에 드림이나 될까하고 우선 그 대강맘을 간략하게 소개하는 것이며 나중 기회를 얻어 자상한 것을 발표할까 합니다. 끝으로 자료를 애써 얻어 보여주신 후손 신태환(申泰煥) 씨와 신송환(申松煥) 씨의 후의를 감사합니다. (1929년 1월 2월 신생)

참고 문헌

조운 저서

『조운 시조집』, 조선사판, 1947. 5. 5.

『조선 구전 민요선집』, 조선작가동맹출판사, 1954. 3. 30.

『조운 문학전집』, 도서출판 남풍, 1990. 9. 17.

『조운 시조집』, 작가, 2000. 7. 20.

『구룡폭포』, 태학사, 2001. 1. 1.

조운 산문

「님에 대하여」, 『조선문단』 7호, 1925. 4.

「숫머슴애」, 『조선문단』, 1925. 7.

「술」, 『조선문단』, 1926. 6.

「병인년과 시조」, 『조선문단』, 1927. 2.

「근대가요 대방가 신오위장」, 『신생』, 1929. 1~2.

학위 논문

오승희,『현대시조의 공간 연구』, 동아대 박사, 1991.
김종호,『조운 시조 연구』, 한국교원대 석사, 1996. 2.
정수자,『조운 시조의 미적 특질 연구』, 아주대 석사, 2001.
정영애,『조운 시조 연구』, 조선대 석사, 2001. 8.
오봉옥,『조운 시조 연구』, 연세대 석사, 2001. 8.
임숙희,『조운 문학 연구』, 전남대 석사, 2002. 2.

논문 및 평문

강구현,「조운 문학의 평전」,『칠산문학』제14호, 2001. 12
곽동훈,「조운 시조 연구」,『배달말』제16호, 1991. 12.
김　종,「조운론」,『현대시조』29호, 1990 여름.
김기현,「조운의 생애와 문학」,『시조학논총』제6집, 1990.
김상선,「조운론」,『산목 함동선 선생 화갑기념논총』, 1990.
김선배,「몰아일체의 우주적 심상 – 조운의 '석류'」,『시안』, 2000 겨울.
김재용,「식민지적 무의식으로부터의 해방, 그 빛나는 성취」,『조운 시조집』, 2000. 7.
김주석,「조운론」,『시조문학』통권 101호, 1991 겨울.
김춘섭,「조운의 시세계」,『금호문화』제39호, 1988. 9.
＿＿＿＿,「나날의 삶과 역사적 삶」,『영광문학』창간호, 2001.
김헌선,「조운 시조의 전통 계승과 의의」,『시조시학』상반기호, 1994.

김현선, 「조운 시조의 전통계승과 의의」, 『조운 시조집』, 2000. 7.

류제하, 「다양한 시도가 주는 현대성」, 『시조문학』, 1980. 3.

문무학, 「조운론」, 『현대시조』 28호, 1990 봄.

＿＿＿, 「조운 연구」, 『대구어문논총』 제7집, 1989.

문병란, 「조운의 민족사상 운동과 시조」, 『칠산문학』 제13호, 2000. 12.

민두기, 「두보와 조운과」, 『한길문학』 창간호, 1990. 5.

박향선, 「영광-한국현대시조의 산실」, 『칠산문학』 제13호, 2000. 12.

박홍원, 「현대문학에서 조운 작품의 위치」, 『칠산문학』 5호, 1992.

＿＿＿, 「조운의 문학, 정선되고 다듬어져 정감 있게 울리는 시어들」, 월간 『예향』, 1991.

＿＿＿, 「전남 현대문학의 선구자 조운」, 『전남문집』 제13집, 1986.

송 영, 「시인의 고향」, 『칠산문학』 제13호, 2000. 12.

＿＿＿, 「조운 탄생 100주년 행사를 보고」, 『향맥』 제14호, 2001. 12.

여동구, 「조운 시조 연구」, 『청람어문학』 10집, 1993. 7.

오승희, 「조운론」, 『한국어문교육』 제1집, 「조운 시조의 공간구조」, 『시조와 비평』 통권6호(1990 가을)에 같은 글 게재. 동아대 박사학위논문, 1991.

위 증, 「조운과 영광정신의 향맥」, 『향맥』 6호, 1993. 2. 25.

＿＿＿, 「내 외삼촌 이야기」, 『영광신문』 제166호, 2000. 7. 3, 『칠산문학』 제13호(2000. 12)에 「차앙평 누우님은 곰보오 딱지」라는 제목으로, 『향맥』 제14호(2001. 12)에는 「내 외삼촌이야기」라는 제목으로 같은 글 게재.

윤곤강, 「창조의 동기와 표현」, 『시와 진실』, 정음사, 1948.

이근배,「조운의 구룡폭포」,『칠산문학』제13호, 2000. 12.

이기태,「개화기의 영광문학」,『향맥』제6호, 1993. 2. 25.

_____,「나와 영광의 문학인들」,『향맥』제11호, 1998.

이소청,「돌아오시리라 기다렸는데」,『영광신문』제167호, 2000. 7. 10,『칠산문학』제13호, 2000. 12,『향맥』제14호, 2001. 12에 같은 글 게재.

이영지,「조운, 가람, 노산의 시조」,『한국시조문학론』, 양문각, 1996. 1. 15.

이을호,「축간의 책머리에」,『조운 문학전집』, 남풍, 1990.

_____,「영광얼의 근대사적 배경」,『향맥』제5호, 1992.

이인배,「영광 땅의 조운」,『예향』제50호, 광주일보사, 1988. 11.

이정자,「밝혀진 조운의 면모와 그의 작품 연구」,『시조문학』96호, 1990. 9.

임선묵,「조주현과 조운 시조집」,『근대시조집의 양상』, 단국대 출판부, 1983.

임종찬,「조운 시조의 시적 정서」,『칠산문학』제13호, 2000. 12.

_____,「조운 시조와 민족정신」,『영광문학』창간호, 2001. 12.

장순하,「조운의 시는 나의 교과서」,『칠산문학』제13호, 2000. 12.

정 양,「조운의 시조와 역사인식」,『한국언어문학』제47집, 2001.

정 종,「기정 조운의 시조세계와 그 인간」,『고향의 시인들, 시인들의 고향』, 동남풍, 1995. 3,「시조시인 조운의 세계와 그 인간」,『시조생활』, 1990 가을에 같은 글 게재.

_____,「고뇌 속에서 민족혼을 노래한 큰 시인」,『영광신문』제165

호, 2000. 6. 26, 「불행을 뛰어 넘은 환희와 결단의 시인」, 『칠산문학』 제13호, 2000. 12, 「고뇌 속에서 민족혼을 노래한 큰 시인」, 『향맥』 제14호, 2001. 12에 같은 글 게재.

_____, 「고뇌 속에서 민족혼을 노래한 큰 시인 조운」, 『영광문학』 창간호, 2001. 12.

정규팔, 「조운과 시조 생활」, 『향맥』 제3호, 1989, 「조운의 삶과 시조 생활」, 『칠산문학』 제13호, 2000. 12에 같은 글 게재.

정끝별, 「만약 조운이 월북하지 않았다면?」, 『대산문화』 제4호, 2001.

정용기, 「영광체육사」, 『향맥』 제6호, 1993. 2. 25.

조남식, 「조운 선생 시조집을 발간하면서」, 『조운 문학전집』, 남풍, 1990.

_____, 「내가 만난 조운」, 『영광문화』 제14호, 2001. 2, 『향맥』 제14호, 2001. 12와 『영광신문』 제168호, 2000. 7. 17에 같은 글 게재.

조창환, 「조운론」, 『인문논총』 제1집, 1990.

조병무, 「조운 평전-구름다리 위를 거닐다」, 『유심』 제42집~제47집, 2010.

한춘섭, 「'영광'이 낳은 시조문학 대가의 조운 시인론」, 『옥당문화』 제4호, 1989. 12.

_____, 「찾아낸 조운 시인의 변모」, 『시조문학』 제94호, 1990. 2.

_____, 「약소민족 분단 역사의 조운」, 『칠산문학』 제13호, 2000. 12.

_____, 「조운 시조시의 우수성」, 『영광문학』 창간호, 2001.

한춘섭, 「운, 조주현 시인론」, 『시조문학』, 1977. 6.

『현대시조』 제28호, 현대시조사, 1990, 조운 시조집에
실리지 않은 작품

『조선문단』 제2호(1924. 11), 제3호(1924. 12), 제5호(1925. 2), 제6호
(1925. 3), 제7호(1925. 4), 제13호(1925. 11), 제16호(1926. 5),
제17호(1926. 6), 제19호(1927. 2).

『옥당골의 영광문화』, 영광문화원(2001년 제14호).

『형사사건부』, 행정자치부 정부기록보존소(1938).

『한국독립운동사』 권2, 국사편찬위원회(1966. 12. 23).

『전라남도사』, 전라남도사편찬위원회(1956. 8. 15).

『월간조선』, 2002년 2월호. "국가작성 6·25납북자 8만 명 명부발
견", 2002년 4월호 "6·25 때 좌익이 학살한 5만 9964명 명
부발견".

『영광신문』 제164호(2000. 6. 19), 제169호(2000. 7. 24), 제170호(2000. 7.
31), 제171호(2000. 8. 7), 제176호(2000. 9. 11), 제220호(2001. 7.
30), 제263호(2002. 5. 24), 제 268호 (2002. 6. 28), 제272호(2002.
7. 26).

박화성, 「남기고 싶은 이야기들」, 『중앙일보』(1977. 12. 1~1978. 1. 4).

권영민, 『월북문인연구』, 문학사상사, 1989.

_____, 『북한의 문학』, 을유문화사, 1989.

김안서, 「시단산책」, 『조선문단』 제6호, 1925. 3.

_____, 「시단산책」, 『조선문단』 제7호, 1925. 4.

이태준, 『문장강화』, 박문사, 1946.

이병기, 『가람문선』, 신구문화사, 1966.

이광수, 『이광수 문학전집』 전8권, 삼중당, 1972.

최학송, 「병우 조운」, 『조선문단』 제13호, 1925.

박상엽, 「서해와 그의 극적 생애」 『조선문단』 4권 4호, 1935.

정설영, 「시인 정설영의 '조운 문학' 길라잡이」, 『영광신문』 2000년 8월 8일 제326호부터 2004년 7월 2일 자 제372호까지 15회 연재.

최종 종합 연보

1900년 음 6월 26일. 전남 영광군 영광읍 도동리 136에서 부 창녕 조씨 희섭, 모 광산 김씨의 1남 6녀 중 누나 4명, 누이 2명 사이의 외아들로 태어남

1903년 부 별세(12월 2일)

1916년 영광보통학교 졸업

1817년 목포간이상업학교(2년제, 목포상고 5년제 전신) 졸업

1918년 김공주(1900년생)와 결혼

1919년 장녀 옥형을 낳았으나 같은 해 병사

- 3·1운동시 영광독립만세 시위의 주동으로 만주 땅 연해주(블라디보스토크) 피신, 이때 최학송 만남

1921년 금강산, 해주, 개성, 고적지 유랑 탐승 후 귀향, 첫 자유시 「불살러 주오」 독자 투고 발표(『동아일보』)

1922년 중학과정의 사립 영광중학원 설립 개교 후 교원생활

- 『자유예원』 문예서클 조직(문예지도 등사판 간행)
- 무명 여교사 박경순(화성, 花城) 문예창작 지도

- 차녀 나나 낳음

- 시조동인회 '추인회' 창립 주도

1923년 영광지역 문화전반에 있어 중심인물로서 판소리 복원, 문맹 퇴치에 앞장섬

1924년 「초승달이 재 넘을 때」 외 작품발표로 문명 얻음(『조선문단』)

- 첫째 부인과 합의이혼

1925년 신병과 가난 속에서 시조시 창작 완성하였음

- 「법성포 12경」(『조선문단』)

- 「한강소경」(『시대일보』)

- 「영호청조(暎湖淸調)」(『조선문단』)

- 첫 평문「님에 대하여」 발표(『조선문단』)

1926년 프로문학과 맞선 국민문학운동에 동조

1927년 서해, 가람 영광에 초청하여 문예창작 모임 주도

- 누이 분려와 최학송 결혼(서울 조선문단사에서)

- 「병인년과 시조 연간총평」 발표(『조선문단』)

1928년 노함풍(1902년생)과 재혼

1929년 「근대가요 대방가 신오위장」 논문 발표(『신생』)

- 장남 홍재 낳음

1931년 영광청년회의 3대 회장 추대

- 차남 청재 낳음

1932년 가람의 집에서 고서, 시조집 빌려 가다

- 『노산시조집』 출판기념식 참석

- 서해 별세

1933년 영광금융조합 근무시작

- 3남 명재 낳음
- 「병우를 두고」 발표(『가톨릭 청년』)

1934년 영광체육단 조직하고 총무 임명. 갑술구락부 조직하여 회장 추대

- 지역문화운동 주관(고서 전시, 소인극 공연, 무용 발표, 에스페란토 강습)
- 서해 묘 참배(가람 등과)
- 「선죽교」 발표(『중앙』)

1935년 가람 영광에 내왕하여 선운사 탐승

- 누이 분려 병사

1937년 영광체육단 조작 사건으로 목포구치소 투옥됨

- 「설창」 발표(『조광』)

1939년 예심 면소로 출옥됨

1940년 주위 사람의 부부동반으로 금강산 탐승

- 「찬밤」 창작, 「고향하늘」(『문장』) 발표

1941년 조선식량영단 영광출장소 서무계장으로 근무

1942년 장시조시 「구룡폭포」 탈고함

1945년 '정주연학회' 학술, 시조창작 연구 교원서클 조직

- 영광건국준비위원회 부회장 추대
- 조선문학가동맹에 동조함

1946년 조선문학가동맹 대회 참석 및 시분과 중앙위원 위촉됨

1947년 서울로 가족 전체 이주

　　– 첫 시집 『조운 시조집』 간행

　　– 「석류」「고부 두성산」 발표(『연간시집』)

　　– 동국대 출간하여 가람·조운·남령 3인 공동 시조집 준비

　　– 「얼굴의 바다」(『문학평론』) 「탈출」(『문학』) 발표

　　– 유진오 시집 『창』 서문 씀

1948년 북한 황해도 해주로 가족 전체 이주

　　– 윤곤강 『시와 진실』 평론집에 조운 시조집 서평 발표됨

1949년 장남도 뒤따라 월북

　　– 「금만경들」 외 발표(『조선문학전집』 10)

1950년 한국전쟁 중에 북조선 종군문인으로 서울 다녀감

　　– 3남 해군 장교로 참전 중 전사

1951년 최고인민회의 제1서기 상임위원추대

　　– 평양시로 거쳐 이전

1953년 조선인민예술학교 학장 임명

　　– 고전예술극장 연구실장

1954년 『조선구전 민요집』 『조선 창작극집』 공동 편·저술 함

1956년 숙청되어 협동농장 추출(이태준과…) 후 다시 면죄 복귀함

1957년 『현대조선문학선집』에 시조시와 자유시 33편 게재

1960년 이후 신원, 소재 불명하나 60년대 말까지 생존했었을 것으로 간접 증언이 있음

1988년 남한에서 월북작가 해금 조치됨

  - 이 조치 후 끊임없이 조운 연구 논문과 연구 발표 있음

1990년 『조운 문학전집』 복증보판 발간 및 출판기념강연회를 서울,
  광주, 영광에서 개최

1991년 조운의 향리를 중심으로 추모 사업 계획이 추진 중

작품 목록

조운의 시조집은 다음과 같이 3권이 출간되었다.

- 『조운 문학전집』(도서출판 남풍, 1990년 9월 17일 초판 발행)
- 『조운 시조집』(작가, 2000년 7월 20일 1판 1쇄)
- 『구룡폭포 – 우리시대 현대시조 100인선』(태학사, 2001년 1월 1일 발행)
- 『조운 시조집 목록』(도서출판 남풍 발간)

石榴

菜松花

古梅

蘭草잎

오랑캐꽃

芭蕉

무꽃

도라지 꽃

玉簪花

野菊
부엉이
앵무
갈매기

雪晴
獨居
그 梅花
題家
怒濤
時調 한 章
상치 쌈
夕凉
秋雲
偶吟
잠든 아기
寒窓
별
눈
雪月夜

海佛庵落照
佛甲寺 一光堂

山寺暴雨

出帆

水營울똘목

滿月臺에서

善竹橋

湖月

九龍瀑布

石潭新吟

책보다가

비 맞고 찾아온 벗에게

어머니 回甲에

省墓

아버지 얼굴

故友竹窓

돌아다 뵈는 길

病友를 두고

停雲靄靄

雨裝없이 나선 길에

曙海야 芬麗야

亡命兒들

黃眞伊

波蘭兵丁

元旦

XX日(자고나서)

一月十三日

復習시키다가

X月X日(소리를 벽력같이)

X月X日(소한)

X月X日(언눈 밟히는 소리)

日曜日 밤

X月X日(봉투)

눈아침

X月X日(컴컴한 하늘)

X月X日(꽃철에)

X月X日 晴(볕을 지고 앉아)

故鄕하늘

寒夜

가을비(어머니 생각 / 안해에게 / 딸에게)

女書를 받고

面會

어머니 얼굴

덥고 긴 날

나올제 바라봐도

法聖浦 十二景

初夏吟

漢江小景

모ㅅ비에 집 생각이 난다

今日

瑛湖淸調

秋蚓會咏草(思鄕 / 울음)

아이고 아이고

노고지리

뉘를 찾아

하고 싶은 말

思鄕

未忘

苦待

해

봄비

예! 이 사람

머므른 꽃

달도 노엽다

春夜不短

完山七吟

명절 안날

雪窓

獨坐

金萬頃들

古阜斗星山

柚子

불살러 주오

초승달이 재 넘을 때

나의 사람

울기만 했어요

웃는 채로

山에 가면

立秋

孤獨

나의 별

이 몸은

한 줄의 소리나마

생의 찌꺼기

눈물과 비

왜 그다지도

春夜의 曲

아침 禮拜

그이의 꿈속에

春草一束(봄비 / 봄이라네 / 봄)

님께 들릴 선물

나의 시를 읽어주는 이여

한번

네가?

지는 꽃잎이

어떤 날 아침

비

殘日

지는 大日을 바라볼 때

春香이는

딸을 안고

건국의 노래

산문

님에 대하여

숫 머슴애

술

丙寅年과 時調

近代歌謠 大方歌 申五衛將